시크릿(secret)
승마노트

시크릿(secret)
승마노트

ⓒ 정구현, 2021

초판 1쇄 발행 2021년 1월 25일
     2쇄 발행 2022년 10월 21일

지은이   정구현
펴낸이   이기봉
편집   좋은땅 편집팀
펴낸곳   도서출판 좋은땅
주소   서울특별시 마포구 양화로12길 26 지월드빌딩 (서교동 395-7)
전화   02)374-8616~7
팩스   02)374-8614
이메일   gworldbook@naver.com
홈페이지   www.g-world.co.kr

ISBN   979-11-6649-239-6 (03690)

시크릿(secret)
승마노트

정구현 지음

좋은땅

들어가며

과연 승마에 관심 있는 일반인들에게 나의 경험이 도움이 될까?

제가 승마를 시작하고 느꼈던 경험들, 국내외 전문가들의 주옥같은 가르침 등을 잊지 않기 위해 적어 놨던 메모들이 이 글의 시작입니다. 이러한 경험과 메모들을 구체화하기 위해 국내 서적은 물론 미국, 프랑스, 독일, 일본의 다양한 해외 서적을 참고하였습니다. 하지만 승마의 본고장인 선진국들과는 타는 말부터 교육방식 자체가 달랐습니다. 이 때문에 차이를 인정하고 다양한 자료로부터 여러분이 승마를 하면서 활용 가능한 정보만 추려내려고 노력하였습니다.

이 승마노트는 이전에 썼던 《1000일간의 승마표류기》와는 완전히 다른 책입니다. 이전 책이 일기였다면 이 책은 비법노트라고 할까요? 사실 이 책은 《서울경제신문》에 연재되었던 〈정구현의 승마속으로〉라는 칼럼을 기본으로 합니다. 많은 분들이 책으로 엮어 달라는 요청에 의해 탄생하게 되었고 신문지상 표현하지 못했던 다양한 콘텐츠를 추가로 첨부하였습니다.

이 글은 딱딱한 매뉴얼이 아닌 퇴근길이나 편한 시간에 아무 페이지나 열고 읽는 편한 책입니다. 이 책을 펴는 순간 제가 그러했던 것처럼 말을 통해 새로운 분야에 호기심이 발동하고 결국 승마세계에 빠져들 것을 단언합니다. 그럼, 이제 저와 함께 승마에 대한 여행을 떠나 볼까요?

말(馬)을 생각하면 새벽마다 일어나지 않을 수 없었습니다

처음 말에 오른 것은 10년 전. 한국마사회 렛츠런 파크 내에 승마장과 우수한 교관이 있어 입문은 상대적으로 수월한 편이었습니다. 하지만 꼭두새벽에 나와 말을 탄 뒤 출근하는 생활을 10년간 지속하는 건 쉬운 일이 아니었습니다.

"개인적으로 운동을 좋아하기도 하지만 새벽마다 저를 깨운 건 말이었습니다. 승마는 운동기구가 아닌 생명체를 활용합니다. 조금 게으름을 피워 말을 방치하면 말이 삐칩니다. 달리기 위해 태어난 녀석을 좁은 마방(말이 쉬는 방)에 종일 있게 두면 게으른 주인을 떨쳐 버리고 싶을 테죠." 승마를 사랑하면 자의 반 타의 반으로 열심히 하게 되고 어느 정도 하다 보니 습관이 되었습니다.

말의 매력에 빠져든 건 우연한 계기 때문이었습니다. 시작한 지 몇 달이 지난 어느 날 부츠 안쪽 부분이 터져 급한 대로 부츠를 정강이 중간까지 내려 신고 타야 했습니다. 그때 저는 문득 미묘한 느낌을 받았습니다. "(부츠를 내린) 종아리가 따뜻해지고 말의 걸음걸이가 바뀔 때마다 옆구리와 복근의 움직임이 전해졌습니다." 저는 쉴 새 없이 움직이는 말의 근육들을 몸으로 느껴 보니 경이로움까지 느꼈던 것을 지금까지도 생생하게 회상할 수 있습니다. 장비 문제로 우연히 발견한 말과의 일체감이었습니다.

제가 느끼기에 '승마의 매력은 말과 밀고 당기면서 결국 합의점을 찾고 즐거움을 공유하는 것.'이라고 생각합니다. 그래야지 기승자는 승마의 참

맛을 느끼고 말은 달리는 본능에 충실할 수 있습니다. 이를 위해 말과 교감해야 하고 교감을 위해서는 말을 배려해야 한다는 말씀을 드리고 싶습니다. 저는 "내 욕심을 버리고 말의 입장에서 습성과 기분을 이해해 주는 것에 승마 실력 향상의 비법이 숨어 있다."라고 말씀드리고 싶습니다. "테크닉이 아니라 온몸으로 말을 느끼고 온몸으로 생각하고 온몸으로 표현하는 것을 목표로 접근하면 어느 순간 진정한 승마인이 돼 있다는 걸 알게 될 겁니다."

목차

제 1 부   반갑다 승마야!

제 2 부   호기심 키우기

제1부

반갑다 승마야!

승마와 만나기

승마 테크닉, 말에 대한 이해가 첫걸음

10년간 치운 말똥만 10톤 넘어 귀족스포츠 이미지와는 달라

기승자-말 관계가 승마 질 좌우… 교감 위해 자기성찰 · 반성도 필요

"따르릉~ 따르릉~" 한 10년 전부터 새벽 5시가 되면 제 머리맡의 자명종 시계가 요란하게 울립니다.

비가 오나 눈이 오나 매일 승마를 하러 가는 저에게 주변에서 그 이유를 묻습니다. "운동 삼아서? 말이 좋아서? 말 다루는 회사에 다니니까? 다이어트나 허리운동을 위해서?" 저도 아직 확답하긴 어렵습니다. 다만 승마를 시작한 2010년부터 지금까지는 온몸으로 말을 느끼고 생각하고 표현해 온 시기라고 말할 수 있습니다. 그러면서 느낀 한 가지 결론은 승마가 TV에 나오는 귀족 스포츠의 이미지처럼 결코 우아하지 않다는 겁니다.

말과 함께해야 하는 운동이기에 말을 매일 손질하고 운동시켜야 합니다. 차츰 소개하겠지만 평보 · 속보 · 구보 같은 다양한 보법을 교관들한테 배우면서 처음에는 말에서 떨어지는 등 수많은 시행착오를 겪었습니다. 또 말을 타는 것 이외에 해야 할 일이 그토록 많은지 전혀 몰랐습니다. 특히, 말을 진심으로 이해해야 한다는 것을 깨닫게 됐습니다. 매일 발굽을 파 주고 목욕도 시켜 줘야 하죠. 아마도 지금까지 치운 말똥만 해도 10톤이 넘고 발굽 파 주기와 목욕, 빗질 횟수는 1,000번이 넘을 것입니다. 더불어 개인 장구(부츠 · 바지 · 안장 등)를 잘 관리하는 등 소소한 것들에도 신경 써야 합니다. 해야 할 일이 많고 말이 얼마나 복잡한 녀석인지를 알아 갈수록 승마의 매력에 푹 빠지게 된답니다.

이번 책에서는 우선 많은 승마 기술을 소개하려고 합니다. 각주와 최대한 쉬운 설명을 첨부하겠지만 아직 승마를 접해 보지 못한 분들은 글만으로는 이해하기 어려울 수도 있을 것입니다. 그래도 읽고 기억 속에 저장해 두면 승마를 경험할 시기에 떠올릴 수 있을 거라고 생각합니다.

제가 가장 많이 언급할 주제는 말에 대한 이해입니다. 기승자와 말의 관계는 승마의 질을 좌우하는 가장 중요한 요소이지만 초보자들이 간과하기 쉽습니다. 또한 말과의 교감을 위해 자신에 대한 성찰과 반성이 필요한데 이러한 내용도 자주 다룰 예정입니다. 진정한 승마인은 테크닉이 아니라 말에 대한 진정한 이해로부터 시작하기 때문입니다.

이 글을 읽다 보면 시기별로는 승마를 몸으로 느끼는 초보 단계, 몸으로 생각하는 단계, 몸으로 표현하는 단계로 구분하게 될 겁니다. 초보 때는 잦은 실수와 시행착오를 겪으면서 스스로 반성과 고민을 하게 됩니다. 그 다음은 어느 정도 익숙해져 몸으로 많은 방법들을 시도하며 승마를 더욱 자세히 알아가는 단계입니다. 가끔은 말과 오해가 생기기도 하고 슬럼프도 겪을 수 있지만 큰 성취감을 얻게 되지요. 마지막 몸으로 표현하는 단계란 말과 진정한 운동 파트너로서 보다 큰 목표를 향해 한 몸이 돼 간다는 의미지요.

승마 입문은 늦었지만 저는 운이 좋았습니다. 국내뿐 아니라 해외의 최고의 교관과 선수들을 만날 수 있었고 그들의 경험과 노하우를 배울 기회가 있었습니다. 굉장히 신나는 일을 했을 때, 또 새로운 무언가를 발견했을 때 다른 사람에게 미치도록 자랑하고 싶어서 글을 쓰는 사람들처럼 저도 같은 심정입니다. 또한 몸과 마음 곳곳에 남아 있는 승마의 여운을 오랫동안 간직하고 싶어서 글을 쓰는 것인지도 모릅니다.

저는 10년 정도 꾸준히 새벽 5시에 일어나 승마를 했고 승마 관련 다양한 자격증을 땄으며 승마 관련 책을 낼 수 있었습니다. 그와 함께 신체적으로도 변화를 겪었습니다. 예를 들어 지난 10년간 복부지방 비율이 감소했고 허리둘레도 줄었습니다. 승마 특유의 동작에서 오는 운동적 특성 덕분이라고 생각됩니다. 더불어 동물을 사랑하는 마음, 남을 배려하는 마음, 자연을 사랑하는 마음은 승마를 통해 얻은 가장 큰 수확인 것 같습니다. 여러분도 승마에 대한 도전을 통해 많은 걸 얻을 수 있을 겁니다.

제1부 반갑다 승마야!

알쏭달쏭 승마 기승술

속도보다 리듬 · 자세… 허리 꼿꼿이 펴야

귀 · 허리 · 발뒤꿈치 일직선에 맞추고 다리는 말의 추진 · 방향키로 활용

장애물 넘을 땐 몸 앞으로 하지만 속도 위해 허리 굽힌 경마와는 차이

"체중이 많이 나가도 승마를 할 수 있나요?" 승마 문외한인 지인이 이렇게 묻습니다. 왜소해야 경마 선수가 될 수 있다는 이야기를 들어 봤던 모양입니다. 이렇게 승마와 경마의 차이를 모르시는 분들이 많습니다. 우선 목적이 다릅니다. 승마에서는 기승자가 말을 어떻게 자신의 의도대로 컨트롤하느냐, 경마에서는 어떻게 하면 말을 빨리 달리게 하느냐가 가장 중요합니다. 이 때문에 경마는 가벼운 기수에게 유리합니다. 하지만 승마 기승자의 경우는 말을 제어하고 몸의 균형을 유지할 수 있는 체격 조건과 근력이 필요합니다. 승마는 리듬과 자세, 경마는 속도로 정리하면 될 듯합니다.

기승술에도 큰 차이가 있습니다. 경마는 빠른 속도를 내기 위해 몽키 자세를 취하는 경우가 많습니다. 반드시 그런 건 아니지만 경마 기수들은 이 자세가 말을 빠르게 달리도록 하는 데 유리하다고 말합니다.

몽키 자세는 1894년 샌프란시스코의 베이네스트릭트 경마장에서 토트스론이라는 기수가 우연히 발견한 것으로 전해집니다. 말 목 위에 올라탄 원숭이의 모습과 비슷해서 이렇게 불리게 됐다고 하네요. 그도 이 자세를 일부러 시도했던 건 아니고 고삐 때문에 우연히 어설픈 자세가 됐는데 말이 더 자유롭게 큰 보폭으로 잘 달린다는 사실을 깨달은 겁니다. 이후 몽키 자세는 유행처럼 퍼져 나가기 시작했습니다.

이에 반해 승마 기승술의 최고 기본은 허리를 꼿꼿이 펴야 한다는 겁니다. 종목에 따라 정도의 차이는 있겠지만 마장마술이나 장애물에서 말을 컨트롤하기에 유리한 자세는 허리를 펴는 것입니다. 보통 승마자세의 정석은 귀·허리·발뒤꿈치에 가상의 선을 긋고 이에 맞추는 것이라 이야기합니다. 이게 기본이고 종목과 자신의 체형, 말의 형태나 습성 등에 따라 스타일은 바뀌기도 합니다. 그렇지만 처음 배우는 단계에서는 기본을 확실히 하고 자신의 몸과 지금 타고 있는 말에 맞춰 자신의 스타일을 찾아가는 게 최선이라고 생각합니다.

앞서 설명한 '일직선 법칙'은 많은 승마 서적과 교관들이 처음부터 끝까지 강조하는 기본 중의 기본입니다. 막상 움직이는 말 위에서 이 자세를 취하기는 정말 어려워서 이 자세를 보고 프로와 아마추어를 구분하기도 합니다. 허리를 꼿꼿이 펴고 시선을 멀리 쳐다보면서 고삐와 다리 등을 자유자재로 사용할 수 있다면 말을 괴롭히지 않고 호흡을 잘 맞출 수 있습니다.

경마 자세

승마 자세

    승마 기승술에서 다양한 요소들을 활용하는 데 가장 대표적인 게 다리입니다. 승마를 경험할수록 다리의 소중함을 깨닫게 됩니다. 말과 직접 닿는 부위인 다리의 역할은 무궁무진합니다. 말을 앞으로 가게끔 하는 추진의 역할, 말에게 방향을 제시하는 방향키 역할 등입니다. 앞으로 설명할 부분이 많지만 '다리를 잘 쓰려면 허리가 꼿꼿해야 한다.'라는 것만 반드시 기억하시기 바랍니다. 예외도 있어서 모든 승마 기승술이 허리를 펴는 것만은 아닙니다. 장애물을 넘을 때 몸을 앞으로 기울여 주기도 하는데 이는 말에게 부담을 주지 않으면서 편안하게 넘기 위한 것으로 경마의 몽키 자세와는 기울기의 차이가 있습니다. 경마와의 비교를 통해 승마 기승술의 기본을 살펴봤습니다. 승마의 세계로 한 발자국 더 나아간 셈입니다.

다리를 쓰는 것에 대한 김정근 한국마사회 승마레저 담당 팀장의 보충 설명입니다. 그는 2002년 부산 아시안게임 승마 마장마술 금메달리스트로 대한승마협회 심판이사도 맡고 있습니다. "손과 채찍·음성도 활용할 수 있지만 결국은 다리가 가장 중요합니다. 여기에 더불어 체중 이동까지 이용해 말을 앞으로 가게 하거나 속도를 느리게 할 수 있는데 이렇게 하면 말을 타고 다루는 데 아주 유리해집니다."

37.5℃, 당신의 말은 당신보다 따뜻하다

직접 씻기며 온기 나눠 봐야 진짜 승마인

말에서 내린 뒤의 교감도 중요… 맨손으로 목욕시키며 친밀감 형성

심장서 먼 엉덩이부터 물 뿌리고 머리는 거부 시 물 직접 닿지 않게
청결 유지하고 감기 막으려면 완전히 말린 후 마방 들여보내야

이제부터 말에 대한 기본적인 궁금증과 막연한 두려움을 없애 볼까요? 말에 오르고, 마장에서 평보로 거닐기, 정지시키기 이런 걸 하기 전에 알아야 할 것이 있습니다. 우리가 함께할 말에 대해서 알아봐야 합니다. 음악가는 악기를 가지고 아름다운 소리를 내려면 악기에 애정을 갖고 친숙해져야 하듯 승마도 말과 친해져야 말을 잘 탈 수 있습니다. 그중 생명체인 말과 가까워지는 최고의 방법 중 하나는 몸을 씻겨 주고 털을 손질해 주면서 무언의 소통을 하는 것입니다. 여러분이 말을 열심히 탔다고 생각해 보세요. 정리를 반드시 해야 합니다. 말에 채웠던 장구들을 분리하고 세차를 하듯이 목욕도 시키고 구석구석 여러 가지 손질을 해야 합니다. 개인적으로는 기승 테크닉도 중요하지만 말에서 내린 뒤 말과의 교감도 굉장히 중요하다고 생각합니다. 일반 승마장의 운영 사정상 직접 손질하거나 목욕시키는 경험을 하기가 쉽지 않겠지만 승마인이라면 꼭 알고 거쳐 봐야 할 과정이라고 할 수 있답니다.

말의 체온은 사람보다 1℃ 높은 37.5℃입니다. 그래서 말은 당신보다 따뜻합니다. 이를 느끼기 위해 목욕시키면서 맨손으로 말의 몸을 만져 보세요. 따뜻한 체온을 느끼면서 손질하다 보면 말과 훨씬 친해질 수 있습니다. 단언컨대 말을 잘 타기 위해서는 말과 빨리 친해져야 합니다. 한국마사회 소속 승마 선수들은 말과 친해지기 위해 정말 많은 노력을 하는 것을 볼 수 있습니다. 거의 매일 자기가 타는 말을 운동시켜 주고 마사지도 해 주며 다양한 교감을 하지요.

그럼 나를 태우고 걷느라 수고한 말을 씻겨 볼까요. 말을 타기 전 장구를 올렸던 수장대로 돌아와 장비를 벗겨 냅니다. 올릴 때의 반대 순서로 천천히 벗깁니다.

겨울에는 다리와 발굽을 잘 닦아 주고 땀에 젖기 쉬운 안장 부위만 손질하지만 더위가 시작되면 찌든 때를 없앨 겸 전신 목욕을 시킵니다. 우선 호스로 발을 적신 후 엉덩이 부위에 물을 뿌려 줍니다. 사람이 수영하기 전 심장에서 먼 부분부터 물에 담그는 것과 같은 이치로 엉덩이에서 점차 앞쪽으로 옮겨 갑니다. 머리는 수압이 약한 물로 씻기는데 만약 말이 싫어한다면 하지 않는 게 좋습니다. 말 머리 부분은 굴레 때문에 귀 뒤나 뺨 주변 등이 털과 땀으로 엉키기 쉽지만 얼굴에 물이 닿는 것을 극도로 싫어하는 말이 적지 않습니다. 그래서 이 부분은 젖은 수건이나 솔로 잘 닦아 주는 게 좋은 방법입니다.

흠뻑 물을 뿌려 줬다면 다음은 물을 약하게 줄이고 솔질을 시작합니다. 말 전용 샴푸가 있으면 더 좋겠지만 없으면 없는 대로 비누를 이용해 열심히 묵은 때를 제거해 줍니다. 솔질을 마친 후에는 수건으로 닦아 주거나 솔을 사용해 물기를 없앱니다. 부드러운 솔로 문질러 마무리하면 더욱 좋습니다. 말 목욕의 완성은 완전히 말린 후 마방으로 들여보내는 겁니다. 물기가 다 마르지 않은 상태로 마방에 들여보냈다가 녀석이 뒹구는 바람에 낭패를 봤던 기억이 납니다. 다음 날 온몸에 흙과 똥이 달라붙어 말 그대로 '똥말'이 돼 있었지요. 물기를 완전히 말려 주지 않으면 이물질 때문에 피부병이 생길 수 있고 감기에 걸릴 수도 있습니다.

말이 차고 있던 장비를 깨끗이 손질하는 것도 잊지 말아야죠. 안장과 복대·굴레 등 가죽으로 된 부분에 기름칠을 하고 땀에 젖은 재킹(땀을 흡수하고 가죽 안장이 말에 직접 닿지 않게 안장 밑에 까는 덮개)은 빨아 둡니다. 이렇게 깨끗하게 손질하면 다음에 말을 탈 때 기분이 좋고 말 못하는 말도 좋아하는 게 느껴집니다.

소중한 친구인 말을 목욕시키면 말도, 타는 사람도 즐겁습니다. 다음에 탈 때 말에서 윤기가 흐르고 있으면 얼마나 뿌듯한지 아는 사람은 압니다. 37.5℃의 체온을 가진 말이 얼마나 따뜻한 녀석인지도 느낄 수 있답니다. 이런 소소한 즐거움을 알면서 점점 진정한 승마인이 돼 가는 것이겠지요.

SNS를 위한 말 사진 찍기 매뉴얼 〈상〉

"각설탕으로 '우쭈쭈~' 유도… 그 사이 고속셔터로 찰칵"

어둡다고 플래시 터뜨리면 말 놀라요

연사 앱 활용하면 촬영하기 쉬워 적정 거리 두고 자연광서 찍어야

셀카봉은 채찍으로 오해 '주의'

우린 이제 승마인이고 말과 교감도 조금 쌓였을 거라 생각됩니다. 그러면 증명사진이라도 찍어 둬야 하지 않을까요. 말과 함께 즐길 수 있는 한 가지 방법인 말 사진 찍는 법을 두 번에 나눠 알려 드리려 합니다. 개인 소셜 네트워크서비스(SNS)에 승마 사진 하나쯤 있다면 자신의 '허세 메뉴'로 딱 좋을 것 같습니다. 경험상 말 사진을 찍기란 정말 어렵습니다. 잠시도 가만히 있지 못하는 커다란 말을 촬영하려면 많은 노력이 필요합니다. 10장 중 7장은 흔들리니까요. 그렇다고 하루에 1시간도 안 자는 말이 잠들기만을 기다릴 수도 없습니다. 저만의 요령과 동물 사진 전문가인 포토그래퍼 강유진 씨의 조언을 바탕으로 말 사진 잘 찍는 방법을 소개합니다. 단, 전문 카메라가 아닌 스마트폰으로 찍는 걸 기본으로 합니다.

첫 단계는 당근이나 각설탕으로 유혹하기입니다. 촬영에 관심 없는 말의 관심을 끌 수 있는 방법은 먹을 것으로 유혹하는 것입니다. 말마다 취향이 다르겠지만 대부분 당근이나 각설탕을 선호합니다. 당근을 구하기가 번거롭다면 커피숍에서 각설탕 몇 개를 챙기세요. 승마 후 기념사진을 찍어 본 분은 알겠지만 말은 머리를 가만히 있지 않습니다. 집중력이 떨어져 카메라를 보지 않고 다른 곳을 응시할 겁니다. 돌 사진을 찍기 위해 아이의 시선을 유도하듯 음성부조(우쭈쭈쭈)나 각설탕·당근 등으로 유도하는 게 좋습니다. 쳐다보면 그때를 놓치지 않고 찍습니다.

둘째, 고속 셔터 기능을 활용합니다. 말은 크고 기다란 머리를 절레절레·끄덕끄덕 정말 많이도 흔듭니다. 고속 셔터를 사용해 이어 찍으면 그 중에 그나마 건질 컷이 있습니다. 연사(이어 찍기) 기능이 있는 카메라 애플리케이션이 많으니 활용하면 좋습니다. 다만 실내 마장이나 말들이 쉬는 마방은 조명이 부족해 고속 셔터로 찍었을 때 화질이 떨어질 수 있습니다.

따라서 셋째는 자연광에서 찍어야 좋다는 것입니다. 하지만 자연광 아래에서는 말에게 좋은 위치에 서도록 시킬 수가 없어 역광에 걸리든지 좋은 광선을 얻기가 쉽지 않답니다. 비교적 밝은 장소에서 거리를 두고 찍으면 되겠습니다. 주의할 점은 어둡다고 플래시를 터뜨려서는 안 됩니다. 멋진 사진을 얻으려고 플래시를 터뜨리다 말을 놀라게 해 큰 사고로 이어질 수 있기 때문입니다.

넷째는 말에게 가까이 가서 사진을 담는 겁니다. 스마트폰은 줌 기능이 있더라도 화질이 떨어지기 마련입니다. 조심히 다가가서 찍는 게 최상입니다. 그러려면 말과 친해져야 하고 평소 말과 교감이 많을수록 좋은 사진을 찍기도 쉽습니다. 카메라의 화소 수를 고려할 때 여백이 많을수록 피사체인 말은 흐려집니다.

다섯째, 셀카봉 사용은 안 됩니다. 자신이 탔던 말과 다정히 셀카를 찍고 싶어지지만 말 머리가 너무 커 프레임 내에 들어오지 않고 괜히 고생만 하게 될 거예요. 더욱이 말이 셀카봉을 채찍으로 오해하고 놀라 날뛸 수도 있습니다.

SNS를 위한 말 사진 찍기 매뉴얼 〈하〉

마장에서나 연습할 때도 편히 쉴 때도
순간포착 위해 스마트폰 늘 곁에 두세요.

조깅용 복대에 휴대하면 편리

평소에도 카메라 기능 익혀 두고 다양한 각도서 촬영 시도해야

팔꿈치 몸에 붙여야 흔들림 방지… 신속성 위해 기본 앱 이용을

말과 함께 즐길 수 있는 한 가지 방법인 말 사진 찍는 법. 한번 시도해 보셨나요. 이번에도 두 번째이자 마지막으로 말 사진 잘 찍는 방법을 소개합니다. 역시 저만의 요령과 동물사진 전문 포토그래퍼 강유진 씨의 조언을 바탕으로 하고 스마트폰 촬영을 기본으로 합니다.

지난번에 다섯 가지 요령을 말씀드렸습니다. 그걸 잘 기억하시고 다음 단계로 나가 볼까요?

여섯째는 스마트폰이나 카메라를 항상 옆에 두시라는 것입니다. 그래야 좋은 사진을 얻을 기회가 많을 것입니다. 마방을 돌아다니거나 승마 후에나 언제든지 순간포착을 할 수 있겠지요. 좋은 순간에 촬영하지 못한다면 그 찰나는 지나가 버리고 맙니다. 제 경우 스포츠조깅용 복대를 사용하는데 조깅용이라 스마트폰이나 카메라를 넣고 승마를 즐겨도 흔들리지 않습

시크릿(secret) 승마노트

니다. 고정력이 있어 승마에도 도움이 된답니다.

일곱째는 사용하는 스마트폰 카메라와 카메라 앱에 대해 배워 두시기 바랍니다. 기능을 익히기 위해 찍는 각도를 바꿔 가며 촬영해 보고 평상시 찍지 않던 각도에서도 시도해 보는 겁니다.

여덟째는 스마트폰 렌즈를 항상 깨끗이 유지해야 한다는 겁니다. 휴대폰을 먼지가 많은 승마장에서 들고 다니면 렌즈에 이물질이 끼기 쉽습니다. 따라서 수시로, 습관적으로 렌즈 부분을 닦아 주면 좋습니다. 입고 있는 옷의 부드럽고 오염되지 않은 부분으로 닦아도 상관없습니다. 얼룩은 좋은 작품을 얻는 데 방해가 됩니다.

아홉째로 사진을 찍을 때 스마트폰을 잘 잡는 것도 중요합니다. 승마나 골프도 처음 배울 때 가장 먼저 배우는 게 그립(Grip) 방법입니다. 고삐를 쥐는 법이나 골프채를 잡는 법이 중요한 것은 그 도구를 효과적으로 사용하고 능력을 100% 끌어내기 위해서입니다. 스마트폰도 마찬가지겠지요. 어떻게 효과적으로 스마트폰을 들 것인지를 익히고 습관으로 만들어야 합니다. 많이 찍어 봐야 몸으로 느끼면서 요령을 파악할 수 있습니다. 기본적으로 렌즈를 가리지 않고 스마트 폰을 고정시킬 수 있을 정도의 강도로 감싸듯이 쥡니다. 이렇게 하면 흔들림을 줄일 수 있습니다. 적당한 세기로 잡았다면 어깨에 힘을 빼고 찍는 순간에는 숨을 참도록 합니다. 고삐를 쥘 때 상체가 너무 흔들리지 않게 하는 요령처럼 팔꿈치를 몸통에 붙이면 스마트폰이 흔들리는 것도 막을 수 있습니다.

마지막으로 가능한 한 스마트폰 카메라에 내장돼 있는 순수 카메라 기능으로 찍는 게 좋습니다. 경험상 다양한 앱들은 편집이나 필터 등 기능은 여러 가지인 반면 신속성과 화질이 떨어지는 경우도 많습니다. 그래서 촬영은 스마트 폰에 내장된 기본카메라로 하고 보정이나 편집은 별도의 전문 앱을 사용하기를 권합니다.

이제부터 우린 진정한 승마인이니까 우리 친구인 말을 잘 찍어 자랑해 볼까요. 그럴싸한 허세 매뉴얼이 될 것입니다.

오랫동안 사랑받아 온 말 브랜드

　"자네 말표 구두약 알지? 솔질할수록 광나는 구두약… 말도 마찬가지야…. 말도 솔질할수록 몸 안에서 나오는 유분으로 광이나 윤기 흐르는 말을 만들 수 있어." 말을 씻기고 있는데 나이가 지긋한 말 관리사님이 좋은 거 보여 주신답니다. 말솔을 몸통에 대고 원을 그리면서 문지릅니다. 어랏! 어느 정도 시간이 지나니 말 털에서 반질반질 광이 납니다. 분명 왁스를 바른 것도 아닙니다. 단지 반복적으로 문질렀을 뿐인데 이렇게 말에서 광이 나다니 놀라울 뿐입니다. 요즘엔 빠른 시간 내에 광을 내거나 효과를 보기 위해 다양한 왁스를 쓰지만 예전엔 말 자체의 유분을 가지고 광을 냈다고 합니다. 더군다나 반질반질한 털 빛깔은 물론이고 솔의 마사지 효과 때문에 말 피부도 좋아지고 혈액순환에 도움이 된다고 합니다. 물론 이렇게 하려면 많은 시간과 노력이 필요한 부분이라 매일 할 순 없지만 가끔 예전 방식을 고수하면 더 자연스럽고 건강한 말이 될 수 있을 것 같습니다.

　우리나라 대표 구두약 브랜드 뚜껑에 왜 말 그림이 그려져 있는지 이젠 알 것도 같습니다. 문지르면 문지를수록 그 내면에 있던 광이 밖으로 번져 나오는 효과가 있다고 생각해서가 아닐까요? 이런 말에 대한 특성이나 말 관련 일을 함으로써 세계적인 명성을 가진 브랜드도 많이 있습니다. 고급 안장을 만들기 위해 수많은 무두질(가죽을 부드럽게 하는 작업) 장인이 핸드백 제작에 활용해 성공한 브랜드 에르메스(Hermés)가 대표적인 예입니다. 티에리 에르메스(Thierry Hermès)는 1837년 파리의 마드레인 광장에서 마구상을 시작한 것이 에르메스 브랜드의 출발입니다. 당시 그는 교통수단인 마차를 끄는 말에 필요한 용구, 안장, 장식품 등을 수공으로 제작하였는데 이를 응용해 가죽 부티크 사업으로 확장하게 되었습니다. 현재는 그레이스 켈리, 윈저공작 부부, 재키 케네디와 같은 사람들이 에르메스의 단골 고객이 될 정도로 세계적으로 성장한 브랜드가 되었습니다.

이외에도 달리는 기사를 형상화한 버버리, 폴로경기의 폴로, 말편자 모양의 페라가모, 아이그너, 구찌, 청바지를 당기는 두 마리 말로 내구성을 자랑하는 리바이스가 있습니다. 라틴어로 개선장군의 말이나 멋진 마차 의미인 에쿠스, 질주하는 말인 갤로퍼, 귀여운 작은 말인 포니, 페라리, 포르쉐, 머스탱은 대표적인 말과 관련된 엠블럼을 가진 차 브랜드입니다. 또한 말표 고무신, 말표 고무장갑 다들 말의 습성에서부터 나온 브랜드가 아닐까 싶습니다.

제2부

호기심 키우기

승마용품 멋 내기 '비정상의 정상화'

바지 신축성 중요… 승마용 추천

가죽 부츠는 발에 꼭 맞게 신어야

헬멧 · 보호대 움직이기 쉬운 라이딩 안전 장비 필요

장갑 · 양말 등 소모품은 고가 '승마용' 살 필요 없어

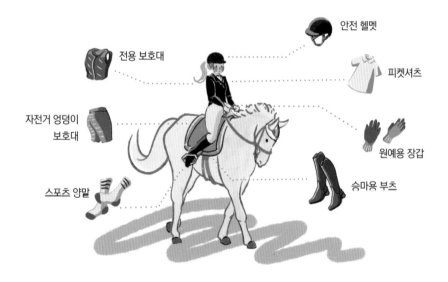

전용 보호대

안전 헬멧

피켓셔츠

자전거 엉덩이
보호대

원예용 장갑

스포츠 양말

승마용 부츠

운동 삼아 자전거를 시작했다가 옷이나 용품 구입에 큰돈을 쓰는 사람을 주변에서 볼 수 있습니다. 승마에도 몇 가지 용품이 필요한데 '배보다 배꼽이 더 커지는' 경우는 피해야 하겠습니다. 승마용품도 제대로 갖추려면 많은 돈이 든답니다. 하지만 현명하고 지혜롭게 구비하면 기능성을 살리면서 멋도 낼 수 있답니다.

승마하면 원래 연미복 같은 정식 복장이 떠오릅니다. 그러나 여가 활동으로 즐기기에는 시합에 나가지 않는 이상 불편하고 가격 등의 측면에서 부담스럽지요. 제 경우 바지는 오래 입어야 하고 신축성이 중요하기에 가격을 따지지 않고 질 좋은 전용 제품으로 장만합니다. 거의 매일 말을 타는 저로서는 옷 때문에 고생하는 일은 없어야 하는 상황입니다. 전문 승마바지는 기능성이 좋아 자세를 잡는 데 도움을 주고 운동 중 생길 수 있는 불쾌감을 줄여 줍니다. 처음에는 싼 제품을 샀다가 이런 부분 때문에 결국 바꿨습니다. 부츠 또한 적당한 가격대의 것으로 발에 꼭 맞게 맞추는 게 좋습니다. 가죽 제품이기 때문에 한번 발에 길들어지면 바꾸기가 쉽지 않은 까닭입니다.

안전 장비인 헬멧은 안전 규격에 맞고 머리에 맞는 걸로 구입합니다. 사실 땀에 절어 오래 쓰지 못하기도 하고 승마전용 헬멧은 매우 고가입니다. 그래도 통풍도 잘되고 머리에 잘 맞는 것을 고르는 게 좋습니다. 특히 한국인 두상은 외국인 두상과 다른 경우가 많은데 헬멧이 대부분 수입 제품이 많아 써 보지 않고 샀다가 낭패를 보는 경우가 많습니다. 헬멧은 반드시 써야 합니다. 없으면 급한 대로 아무 헬멧이라도 써야 자신을 보호할 수 있습니다. 상의는 편한 옷이면 되는데 되도록 몸에 딱 달라붙는 스타일의 피켓 셔츠를 권합니다. 겨울철 점퍼도 몸에 딱 맞아야 합니다. 몸에 붙는 옷이 좋은 이유는 분명합니다. 승마는 자세가 중요하기 때문이지요. 스스로 혹은 다른 사람이 자세를 봤을 때 허리를 폈는지 안 폈는지를 파악하려면 타이트한 옷이 제격입니다. 물론 맵시가 좋기도 합니다.

말에서 떨어지는 일에 대비해 다른 건 몰라도 보호대는 꼭 착용하는 편입니다. 승마전용 보호대가 있기는 하지만 부피가 너무 크고 답답해 보이기도 해서 다른 레저용 제품으로 나오는 보호대를 이용합니다. 조끼 스타일이라 받쳐 입기도 좋고 같은 '레저용' 제품이라 그런지 손과 어깨를 움직이는 데도 무리가 없습니다. 저는 몸을 너무 많이 보호하려고 하면 움직임에 방해가 되는 것 같아 헬멧과 척추보호대만 착용합니다. 척추보호대는 허리가 구부러지는 것을 막아 줘 바른 자세에도 도움이 됩니다.

겨울에는 마스크와 장갑이 필수죠. 특히 장갑은 매일 껴야 하는데 겨울에는 길에서 파는 저렴한 털장갑을, 여름에는 '천원 숍' 같은 상점에서 파는 원에 장갑을 사용하면 됩니다. 어차피 소모품이고 저 같은 경우는 잘 잃어버리기 때문에 고삐의 감각을 느낄 수 있을 정도면 괜찮습니다. 사실 승마용 장갑은 몇 만 원씩 하는데 개인적으로는 너무 비싸다고 생각합니다. 겨울엔 일반 핫팩의 절반 정도 크기인 '발가락 핫팩'을 장갑이나 부츠 안에 붙이고 타면 손이나 발이 얼지 않고 따뜻하게 승마를 즐길 수 있습니다.

개인적으로 양말은 축구 양말을 사용하고 있습니다. 긴 양말은 부츠 안에서 가죽이 살에 닿는 것을 막아 불편하지 않도록 도와주는데 축구 양말은 승마용 양말에 비해 매우 저렴합니다. 다섯 켤레 정도 사서 매일 갈아 신으면 가격 대비 최고랍니다.

바지 속에는 엉덩이 보호대가 부착된 '자전거 바지'를 꼭 입습니다. 안장 때문에 가랑이 사이가 계속 닿으므로 보호대가 도움이 됩니다. 몸에 딱 붙는 승마 바지 안에 입을 수 있는 보호대로서는 최고인 것 같습니다. 겉에서는 보이지도 않는 부분이니까 인터넷 쇼핑몰을 통해 패드가 있는 제품 중 가장 저렴한 것으로 구입하면 됩니다.

고글형 선글라스가 있으면 좋습니다. 최대한 밝은 노란색을 쓰는데 버스 기사님들이 운전할 때 사용하는 노란색 렌즈 같은 것을 연상하면 됩니다. 너무 어둡지 않아야 실내 마장 혹은 그늘진 곳에서도 눈을 보호하면서 시야를 확보할 수 있습니다.

이 밖에 마찰이나 진동에 의해 소리가 나는 옷이나 액세서리는 말이 놀랄 수 있기 때문에 피하도록 합니다. 다만 시계는 시간을 재는 데 필요하겠지요. 부츠 등 가죽 제품을 손질할 때는 오래된 영양크림 등 화장품을 사용하거나 저렴한 가죽 크림을 구입해 사용합니다. 이러한 부분은 제가 오랫동안 타면서 나름 요령이니 개인에 맞게 응용하시면 좋을 듯합니다.

내 말 사용설명서 '겁쟁이를 부탁해'

말 못하는 말의 기분… 귀를 보면 알 수 있다

흥미 보일 땐 두 귀 쫑긋 세우고 불안하면 좌우 귀 따로 방향 바꿔

귀 눕히면 '분노'… 날뛰지 않게 주의

기억력 좋아 나쁜 기억도 오래가 복종 땐 칭찬하며 신뢰 쌓아야

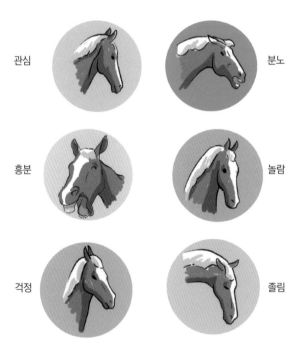

관심

분노

흥분

놀람

걱정

졸림

시크릿(secret) 승마노트

여러분이 타게 될 말은 태어날 때부터 겁쟁이입니다. 아니, 이 세상 대부분의 말이 겁쟁이일 것입니다. 말은 수천 년간 육식동물을 피해 스피드와 민감한 후각ㆍ시각ㆍ청각을 무기로 살아남아 왔습니다. 공격적이지 않고 방어능력만 있습니다. 물론 이런 습성들 때문에 인간과 오랜 기간 함께할 수 있었습니다. 특히 공격할 발톱이나 뿔이 없고 눈으로 사물을 구별하는 능력 또한 부족한 정말 착하디착한 동물입니다. 말은 승마 도중 낙엽이나 과자봉지만 봐도 깜짝 놀랄 때가 많습니다.

말은 착해서 자신에게 애정을 가지고 돌봐 주는 사람을 잘 따르고 순응합니다. 그래서 말과 교감할수록 좋은 승마 기술을 펼칠 수 있습니다. 말은 신뢰성이 강해 한 번 기승자를 믿으면 고삐나 박차 등 커뮤니케이션에 잘 따릅니다. 하지만 기승자의 실력이 형편없거나 욕심을 부려 말을 괴롭힐 때는 이런 신뢰가 깨진답니다. 그래서 말 만드는 데 5개월, 말 망가뜨리는 데 5분이라는 말이 있습니다. 말은 어떤 상황이나 행동을 회상해 내는 기억력이 뛰어납니다. 그래서 이런 기억력을 말 훈련에 활용합니다. 기승자가 정확한 명령으로 잘 훈련시킨 말은 나쁜 기억에 의한 스트레스가 적고 정확히 반응합니다. 반대로 나쁜 기억은 트라우마로 작용할 수 있으며 잘 고쳐지지 않으니 주의해야 합니다. 나쁜 기억은 대부분 정확한 명령을 전달하지 못해서 발생합니다. 예컨대 발로 말을 앞으로 가라고 추진시키면서 손으로는 고삐를 잡아당긴다면 말이 가라는 것인지, 말라는 것인지 혼란을 느낍니다. 이로 인해 말과 기승자 사이의 불신이 커지고 결국 기승자에게 불복종하기 쉽습니다. 만약 말이 복종을 잘했다면 칭찬해 줘야 합니다. 어루만지거나 부드러운 어조의 말로 칭찬해 주면 말은 자기가 잘했다는 것을 알아듣고 다음에도 좋은 반응으로 보답합니다.

말의 기분을 알 수 있을까요. 보통 귀와 꼬리를 통해 어느 정도 이해할 수 있는데 이번에는 귀만 설명하기로 하죠. 말이 귀를 세워 계속 한 방향을 바라보고 있을 때는 무언가에 주의를 기울이고 있는 것이고 좌우 귀를 따로따로 이쪽저쪽으로 방향을 바꾸며 움직일 때는 불안한 기분입니다. 양쪽 귀를 뒤쪽으로 눕힐 때는 경계나 불쾌한 표정이어서 날뛸 수도 있습니다. 병에 걸렸거나 몸이 아플 때는 귀를 움직이지 못하고 귀밑 부분이 뜨거우니 이럴 때는 수의사에게 보여야 합니다.

여기서 말의 몸을 볼까요. 얼굴은 정말 길어서 굴레를 처음 씌울 때 애를 먹기도 합니다. 얼굴이 긴 것은 풀을 뜯어 먹을 때 주변도 살피고 코로 먹을 수 있는 풀과 먹지 못하는 풀을 구분하기 위함이라고 합니다. 긴 목은 먹이를 먹기에 편리할 뿐 아니라 달릴 때 속도에 따라 균형을 잡거나 보정하는 추의 기능을 합니다.

발굽은 아주 오래됐지만 첨단기능이 들어 있는 운동화랍니다. 이 운동화는 수백 킬로그램인 몸체에 비해 크기가 작지만 대신 견고해서 충격을 견딜 수 있지요. 무릎 관절에는 고정 장치인 특수한 인대가 있어 서서 잘 수가 있습니다. 말은 맹수를 경계하기 위해 짧은 시간만 자고 피로를 풉니다. 한 연구에 따르면 말은 24시간 중 19시간 15분은 깨어 있고 2시간은 졸지만 깨어 있는 상태, 2시간은 가벼운 취침 중이며 45분만 숙면을 취한다고 합니다. 이렇게 착하고 겁 많은 동물인 말들을 잘 부탁드립니다.

승마인들은 주유소에 잘 안 간다?

자동차 연비를 높이는 방법 중에 하나가 급제동, 급가속을 하지 않는 것입니다. 모두들 상식적으로 알고 계시죠? 운전을 하시는 분들은 아시겠지만 급제동, 급가속을 하지 않으려면 중간단계가 필요합니다.

승마도 마찬가지입니다. 승마도 속도를 바꾸는 것처럼 발걸음을 바꿀 때 중간단계가 필요합니다. 구보에서 속보나 평보로 속도를 줄이거나 할 때 급브레이크를 밟는 게 아니라 중간과정이 있어야 말의 근육이나 습성에 무리를 줄일 수 있습니다. 간혹, 승마시험 코스 중에 구보에서 갑자기 평보로 바꿀 경우가 있는데 많은 사람들이 어려워 중간에 속보단계를 넣어서 속도를 줄여 줍니다. 저 같은 경우엔 "난 저 지점에서 평보로 갑자기 바꿀 거니까 준비해."라고 신호를 줍니다. 예를 들어 서서히 정지 전에 몸을 살짝 뒤로 젖힌다든가 고삐를 꽉 쥐어 탱탱하게 만들기도 합니다.

수동브레이크가 달린 자동차를 몰아 보셨나요? 요즘은 찾기 어렵지만 나이가 지긋하신 분들은 수동브레이크 자동차를 몰아 보신 분들이 많으실 겁니다. 말을 수동기어 자동차로 비유하면 발로 추진을 주는 것은 액셀러레이터, 고삐나 무게 중심 등으로 멈추라고 신호하는 것은 브레이크, 보법은 단계별 수동기어라고 생각하시면 쉽습니다. 여러분이 수동기어 자동차를 타고 액셀러레이터를 반 정도 밟아 주고 있다가 속도가 줄면 다시 밟아 주고 늘면 브레이크를 살짝 밟아 줍니다. 느낌이 오시나요? 여기서 시동이 꺼지는 걸 막기 위해 발로 액셀러레이터를 반 정도 밟고 있어야 하는데 이게 바로 우리가 말의 몸에 다리를 접촉하고 있는 원리와 같습니다. 그런데 만약 이렇게 중요한 다리를 말에게서 떼면 시동이 꺼지겠죠? 그래서 승마에

서도 같은 원리로 최대한 다리를 말 몸통에 붙이고 있어야 합니다.

　또한 핸들을 팍 꺾듯이 고삐를 당기거나 방향을 틀면 기계가 아닌 말은 큰 무리가 갑니다. 즉, 말은 조심스럽고 예민한 고급 수동기어 자동차라고 생각해야 합니다. 운전할 때 조심스럽게 해야 하고 천천히 해 줘야 합니다. 이런 운전습관이 생기면 내 자동차 연비가 좋아질 수도 있겠죠? 이런 연습을 많이 하면 자동차의 연비뿐만 아니라 당신의 말도 좋아질 것입니다.

등자 길이와 등자를 어떻게 하면 잘 조절하지?

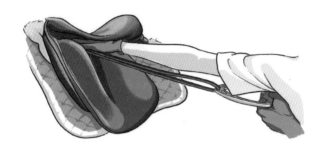

등자 길이를 자신의 몸에 맞추기 위해선 약간의 요령이 필요합니다. 마장마술 안장을 탄다면 등자 연결선 끝부터 등자까지 손가락을 쫘악 펴고 자신의 겨드랑이까지의 길이를 보통 기준으로 합니다. 이 정도면 마장마술 안장에 어느 정도 적합한 길이로 탈 수 있습니다. 그러면 점프를 위한 장애물 안장에선 어떻게 할까요? 보통 손을 펴는 게 아니라 주먹을 쥡니다. 주먹 끝에서 겨드랑이까지 하면 약간 짧은 듯한 장애물 안장의 등자 길이가 됩니다. 물론 사람마다 다리 길이 차이가 있겠지만 보통 이렇게 조정을 하고 말에 탄 후 재조정을 합니다.

다음은 등자에 앞꿈치를 넣을 때는 어느 정도가 좋을까요? 등자 쇠에 발가락만 살짝 걸치면 타다가 발이 미끄러지기 쉽고 너무 깊숙이 넣으면 발이 등자 쇠에 걸려 빠지기 어려울 수가 있습니다. 그래서 발볼이 제일 넓은 데를 기준으로 걸치면 아주 적절한데 이 위치가 발을 빼고 넣거나 아니면 뒤꿈치를 내리기 좋은 위치이기 때문입니다.

여기서 잠깐 등자를 낄 때는 등자 끈이 꼬이지 않게 조심해야 합니다. 꼬

이거나 엉키면 길이도 짧아지고 등자가 엉성해집니다.

　말을 타다가 등자 끈을 조절해야 하는 경우가 있습니다. 보통 아래 그림처럼 다리를 들어 올리고 한 손으로 고삐를 잡고 다른 손으로 조절을 하면 편합니다. 하지만 기승 중에는 말이 움직일 수도 있으니 조심조심 해야겠지요. 가죽으로 된 등자 끈은 특성상 늘어나곤 합니다. 더군다나 등자 끈의 길이를 나타내는 등자 구멍에 보통 숫자가 적혀 있는데 좌우측이 달라질 수 있습니다. 또한 등자의 착용 관리 상태에 따라 길이도 줄어들었거나 늘어나 있을 수도 있고요. 중요한 것은 기승자가 타면서 아니면 타기 전에 양쪽의 등자 길이가 적절한지 판단해야 합니다.

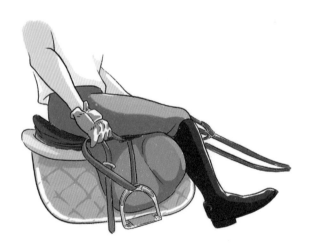

　등자 길이는 보통 장애물 종목에선 기준보다 짧게, 마장마술에선 기준보다 약간 길게 타는데 이는 다양한 종목의 기술을 펼쳤을 때 말에게 정확한 부조를 줄 수 있는 기본자세에 영향을 미칩니다. 그래서 선수들은 상황에 따라 자유자재로 등자 끈을 조절하기도 합니다.

예를 들어 몇 번 몸을 풀기 위해 운동하다가 본격적으로 장애물 점프 (Jump)를 한다면 타던 것보다 더 등자 끈을 살짝 줄입니다. 그리고 몸을 풀거나 기본운동으로 돌아왔을 때는 다시 등자 끈을 늘리곤 합니다. 왜냐고요? 점프할 땐 엉덩이를 살짝 들어 주는데 걸리지 않게 하기 위해서입니다. 이런 자신만의 기준은 많이 타 보면 몸으로 알게 됩니다. 어렵죠? 승마는 아주 섬세한 운동입니다. 그래서 더욱 매력 있고요.

너의 머리는 소중하니까…

승마할 때 반드시 써야 하는 헬멧에 대해 이야기를 하고자 합니다. 승마용 헬멧은 기승 시 일어날 수 있는 특별한 사고들을 예방하기 위해 수많은 테스트를 거칩니다. 특히 낙하 시 뒷머리를 보호하는 것은 물론이고 말에 채일 수도 있기에 잘 구조화되어 있습니다. 승마할 때 헬멧이 만약 없다면 임시방편으로 자전거 헬멧이라도 써야 합니다. 여러분이 헬멧을 고른다면 반드시 안전마크를 잘 확인해서서 골라야 합니다. 속도가 빠른 구보를 하다가 말에서 떨어진다면 여러분을 지켜 줄 것은 헬멧밖에 없습니다. 스피드도 그렇지만 보통 말 위에 앉으면 2미터 이상 높이에 있는 것인데 땅까지의 충격만으로도 심각한 위험이 발생할 수 있습니다. 이럴 때를 대비해서 안전한 헬멧의 중요성은 아무리 강조해도 지나치지 않습니다. 헬멧은 소모품이어서 만약 심하게 떨어뜨리거나 충격이 가해졌다면 바꾸는 게 좋습니다. 충격으로 안 보이는 금이 가 있을 수 있기 때문입니다.

헬멧은 핏도 중요합니다. 머리에 잘 맞아야지 편안하고 쉽게 앞뒤로 움직이지 않습니다. 만약 기승 시 잘 맞지 않으면 앞뒤로 흔들려 기승자의 시야를 가리는 경우가 있습니다. 턱 끈은 꼭 맞아야 하고 턱 스트랩은 귀 사이를 지나 잘 맞아야 합니다.

만약 머리가 긴 여성분이시라면 머리끈 하나를 준비하시는 게 좋습니다. 원래 두건 같은 걸로 흘러내린 앞머리까지 올려 뒤에 끈으로 묶으면 더욱 좋지만 없다면 최소 머리끈이 필요합니다. 긴 머리를 질끈 묶고 헬멧을 쓰면 훨씬 편합니다. 전 버프를 사용하는데 보온성 측면이나 위생적으로 헬멧을 관리할 때 아주 편리합니다. 신축성 있는 천인데 머리를 감싸고 헬멧을 쓰면 땀에 찌들지 않고 좋습니다. 관리하기도 편하고 머리카락이 헬멧 사이사이에 엉키지도 않습니다. 인터넷에서 1,000원 이하면 사니 여러 개 사서 머리에 쓰고 헬멧을 착용해도 좋을 듯합니다.

승마는 여성이 잘한다?

　해외 통계에 따르면 승마 인구의 70% 이상이 여성이라고 합니다. 이 점에 대해서 곰곰이 생각해 봤습니다. 왜 그럴까요? 남자들이 여자보다 더 승마를 싫어하는 걸까요? 제 소견으로는 여성분들이 더 차분한 경향이 있고 모성애나 교감하는 능력이 남성보다 뛰어나서 그런 것 같기도 합니다. 말도 동물인지라 자기에게 관심을 보이는 사람에게 더 호감이 가는 게 인지상정인 것 같습니다. 저의 개인적인 의견이지만 말과 교감을 잘하는 여성들이 승마를 하면 남성들보다 훨씬 더 자세도 잘 나오고 잘 따라 하는 것 같습니다. 마장을 관찰하다 보면 남성들보다 여성들이 말 먹을 것도 훨씬 더 많이 가져다주고 쓰담쓰담 하는 광경을 자주 볼 수 있습니다.
　한 연구결과에 의하면 남성은 승마에 대한 기술습득 심리가 강하고 여성은 교감에 대한 심리가 강하다고 합니다. 남성은 승마를 할 때 기술습득에 더 강한 목적을 가지고 여성은 말과 노는 것에 더 집중할 수 있다는 말입니다. 이러한 동기부여는 승마를 꾸준히 할 수 있는 원천이 될 수 있을 것 같습니다. 하지만 한국에서 승마를 하다 보면 기술습득의 한계는 분명히 존재합니다. 재밌게 평보, 속보, 구보, 심지어 장애물까지 하다 보면 그 이상을 목표로 삼아야 하는데 그러려면 여러 가지 조건이 따라 주어야 합니다. 대신 말과 노는 데 중심을 맞추면 사소한 것부터 정말 재미있게 놀 수 있는 것들이 무궁무진합니다. 씻겨 주고 먹여 주고 교감하고 그러면 더더욱 재밌거리는 늘어납니다. 승마를 재밌게 꾸준히 하려면 사소한 재미도 찾고 승마의 목적을 다양화하는 것도 도움이 될 것 같습니다. 금성남자도 화성여자의 놀 거리를 따라해 보는 건 어떨까요?

공연 · 경기 즐기면 실력 쑥!

승마, 보는 것도 공부

유튜브나 공연 등 반복적으로 보면 이미지 트레이닝에 도움

다양한 동작 · 걸음 배울 좋은 기회

제2부 호기심 키우기

러시아의 연극 연출가인 콘스탄틴 스타니슬랍스키(1863~1938)는 매일 살면서 행하는 지속적이고 예리한 관찰이 배우의 감각과 근육에 기억으로 저장된다고 했습니다. 스포츠에서 매우 효과적인 훈련 방법의 하나인 이미지 트레이닝도 이와 유사합니다. 좋아하는 선수나 자신의 체형과 비슷한 유명 선수의 자세·동작을 항상 생각하고 따라 하는 훈련입니다.

승마 동호인들도 이미지 트레이닝이 필요합니다. 뛰어난 선수와 좋아하는 기승 스타일을 찾아 자주 보고 머릿속으로 기억하는 것이죠. 이런 기억을 토대로 자신만의 스타일을 끊임없이 찾아가면 자신도 모르게 기량이 향상되고 있음을 느낄 겁니다. 많은 승마 고수들은 잠자리에 들기 전 유튜브 등을 통해 좋아하는 외국 선수의 동영상을 본다고 합니다.

초·중급 동호인의 경우에는 외국 선수의 영상은 참고사항 정도라고 하겠습니다. 국내의 말과 다르고 기승자의 체형과 기량에서 현격한 차이가 나기 때문입니다. 결국 우리 현실에 맞는 방법은 한국인 고수를 만나는 일입니다. 그렇다고 전문가들을 일일이 찾아다닐 수는 없는 노릇이죠. 좋은 방법 두 가지가 있습니다.

첫 번째는 다양한 승마 이벤트를 관람하는 겁니다. 최근 한국마사회를 비롯한 몇몇 말 관련 단체에서 승마 갈라쇼 같은 공연을 자주 열고 있습니다. 이런 공연의 출연진은 대부분 정상급 선수와 전문가들입니다. 공연의 재미를 만끽하면서 승마 기량도 높이는 방법으로 적극 추천합니다. 매년 한국마사회에서 개최하는 승마 공연에는 국가대표 선수들과 한국마사회 교관·코치들이 대거 출연해 경이로운 퍼포먼스를 펼칩니다. 처음 이 공연을 통해 승마의 모든 것을 볼 수 있었다고 느꼈던 기억이 납니다. 말과 기승자가 보여 주는 다양한 동작과 발걸음을 접하고 이해하는 데 큰 도움이 된답니다. 절호의 기회를 놓치지 마시기를 바랍니다.

두 번째는 선수들의 경기를 관람하는 것입니다. 나중에 관람 방법을 설명하겠지만 그게 쉽지만은 않습니다. 경기 룰을 알아야 하고 어느 정도 전문지식이 있어야하기 때문이죠. 뭐가 어떻게 돌아가는지 모르면 재미를 느끼지 못할 수 있습니다. 또 승마장에서는 선수와 말의 집중력을 위해 정숙을 유지해야 하니까 분위기가 딱딱하게 느껴지기도 합니다. 말이 예민하고 승마가 고도의 집중력 경기라는 사실을 알면 이해가 될 겁니다. 최근 대중의 이해를 높이기 위해 도입한 다양한 형태의 경기를 먼저 경험하는 것도 좋습니다. 예컨대 음악과 함께하는 마장마술의 프리스타일, 장애물 경기에 재미있는 규칙을 가미한 헌터 경기 등입니다. 얼마 전 참가해 본 헌터 경기는 동호인들도 도전할 만하다는 생각이 들었습니다.

승마 경기나 이벤트에 대한 정보는 대한승마협회(kef.sports.or.kr)와 호스피아(www.horsepia.com) 사이트에 공지되니 수시로 확인하면 좋겠지요. 롤 모델을 찾고 그들의 스타일을 기억해 두면 승마를 보는 눈이 길러지고 어느 순간 그들처럼 돼 있을 거라 믿습니다.

제3부

기본 다지기

첫 발걸음 떼기

기승 전 함께 걸으며 성격부터 파악하세요

안장 채우기 · 발굽 관리 등 수장 기초 철저히 숙지를

평보-속보-구보 순 보법 연습… 고급 승마 기본기 확실히 다져야

어떤 스포츠를 배울 때는 장비의 특성부터 파악합니다. 승마도 마찬가지입니다. 승마를 재미있게 즐기기 위해서는 타게 될 말의 특성부터 알아야 합니다. 말이 어떤 성격을 가지고 있는지, 나쁜 습관은 없는지, 어떤 용도의 말인지가 대표적입니다. 보통 초보자에게는 온순하고 웬만한 자극에도 무딘 말을 배정합니다. 이런 성격의 말들은 초보자가 잘못된 자극을 가했을 때 동요가 덜하지요. 대부분의 말들은 예민해서 이런 성격을 갖기 힘듭니다. 훈련을 통해 길을 들이지만 그렇더라도 말을 탈 땐 항상 주의해야 합니다. 또한 나쁜 습관은 없는지도 알아야 합니다. 교관들이 이를 알려 주지만 기승자는 타기 전에 말과 함께 걸어 보거나 여러 가지 나름의 테스트를 해 봐야 합니다. 다리를 절 수도 있고 아니면 뒤에 무언가가 있으면 뒷발로 차는 말일 수도 있기 때문입니다. 틈만 나면 자기 집으로 도망가려고 하는 말도 간혹 있습니다. 말과 함께할 땐 절대 안심하면 안 되며 주의를 기울여야 합니다.

이젠 수장하는 법을 알아야 합니다. 수장은 말에게 안장 같은 장구를 채우고 벗기거나 목욕을 시키거나 발굽을 파 주거나 하는 등의 총체적인 일을 말합니다. 승마에서 중요하지 않은 게 없지만 수장의 기본을 철저하게 익혀야 합니다. 안장을 잘 채우고 머리에 굴레를 잘 씌워야 말이 편안해합니다. 예전에 손질되지 않은 굴레를 씌웠더니 까칠한 가죽이 말의 얼굴을 자극해 날뛰었던 기억이 있습니다. 장구의 상태와 착용 방법을 익히는 건 필수입니다. 또한 세차를 하듯이 털을 빗겨 주면서 마사지도 해 주고 흙이 끼기 쉬운 발굽은 반드시 타기 전과 후에 발굽 파개로 파 줘야 합니다. 그렇지 않으면 말에게 가장 중요한 굽을 상하게 하거나 염증이 생길 가능성이 높아집니다.

처음 입문하면 말의 보법(걸음걸이) 중 평보부터 배우는데 쉽게 말하자면 말을 타고 편안하게 마장(馬場)을 걷는 겁니다. 배꼽 부근에 손을 가지런히 모아 고삐를 편안하게 쥐는 법, 등자(기승자가 발을 디딜 수 있도록 만들어 놓은 'D'자형의 발 디딤쇠)에 왼발부터 걸쳐 올라타는 법 등을 동시에 익히게 됩니다. 생각보다 쉽지 않은 것들입니다. 기초에 해당하는 부분이지만 상황에 따라 이런 기초적인 것들을 다시 활용하거나 응용하기 때문에 숙지해야 합니다. 그 다음은 약간 빠른 속보를 배웁니다. 속보도 지긋이 앉아서 타는 좌속보와 리듬에 따라 엉덩이를 들어 주는 경속보로 크게 나뉩니다. 이는 운동 목적에 따라 달라지는 부분입니다. 속보는 평보와 달리 말이 훨씬 더 경쾌한 걸음으로 가는 것인데 양 다리나 양 발로 가볍게 몸통에 자극을 주면 말이 걸음을 시작합니다. '통통통' 속도로 빠르게 걷는 정도지만 개인적으로는 제대로 하면 가장 어려운 보법인 것 같습니다. 처음 배울 때 이 리듬을 익히기 위해 속보 연습을 한 달 동안 죽어라 한 적이 있습니다. 속보가 중요한 이유는 말의 리듬을 어느 정도 익힌 후, 아니 리듬에 적응한 후에만 구보를 안정적으로 배울 수 있기 때문입니다. 구보를 할 때는 말의 몸통에 양 허벅지를 꼭 붙여야 하며 기승자의 엉덩이가 반동에 의해 안장에서 미끄럼 타듯이 움직여야 편하게 탈 수 있습니다.

이 세 가지 기본 발걸음을 완벽히 익히면 고급 승마로 갈 수 있는 준비가 되는 것입니다. 하지만 이상의 설명 이외에도 기승자는 할 일이 정말 많습니다. 온몸을 동시다발적으로 사용해 말에게 의사를 표현해야 합니다. 자동차처럼 액셀을 밟는다고 해서 속도가 빨라지진 않습니다.

◆ 속보=2절도 운동으로 왼쪽 뒷다리와 오른쪽 앞다리, 오른쪽 뒷다리와 왼쪽 앞다리 순으로 동시에 진행된다.

◆ 구보=3절도 운동이며 '따그닥' 리듬으로 이해하면 쉽다.

타고 내릴 땐 왼쪽서… 갈기 · 고삐는 꽉 쥐어야

　처음 말을 접했을 때 그 거대함에 깜짝 놀랐습니다. 바로 눈앞에 400~500㎏ 정도 나가고 내 키보다 더 큰 녀석이 서 있다는 게 상상이 되나요? 드디어 말에 올라타야 하는 순간이 왔습니다. '이 큰 말을 어떻게 타야 하는 거야.'라며 당황했던 기억이 지금도 떠오릅니다. 어찌어찌 해서 탔다고 하더라도 또 내릴 땐 어쩐담…. 승마를 해 본 분들은 공감하실 겁니다.

　자, 이제 드디어 말에 올라 보겠습니다. 말에 올라타는 승마의 방법에는 두 가지가 있습니다. 혼자서 안장에 연결된 등자에 왼발을 건 뒤 갈기나 안장머리, 등자 윗부분의 끈 등을 쥐고 한 번에 뛰어올라 타는 것과 보조자의 도움을 받아 올라가는 것입니다. 물론 처음에는 혼자 뛰어 올라가는 것보다는 발 받침대 같은 보조도구를 이용하거나 보조자의 도움을 받을 것을 추천합니다.

승마는 대부분 말의 왼편에서 시작하는데 말에 오를 때도 마찬가지입니다. 교관들도 항상 왼편에 서도록 시킬 것입니다. 말도 그게 익숙하다고 느끼지요. 왼편에서 고삐를 쥐고 섰다면 제 경우에는 말에 가깝게 붙어서 왼손으로 갈기와 양쪽 고삐를 함께 꽉 쥡니다. 그리고 등자에 왼발을 겁니다. 이 상태에서 오른손으로 안장 뒷부분을 쥐고 '으랏차' 하고 등자를 디뎌 양팔로 갈기와 안장 뒤쪽을 힘껏 잡아당기며 올라갑니다. 그다음 오른발을 돌려서 말의 몸이나 안장에 걸리지 않도록 다리를 벌려 조용히 올라탑니다. 똑바로 안장 중앙에 앉으면서 양발을 등자에 끼우면 한숨 돌려도 됩니다.

여기서 잠깐. 초보자 때 정말 중요한 실수를 한 적이 있습니다. 말은 움직인다는 사실을 잊은 겁니다. 처음에는 올라탈 때 말이 얌전히 있는 줄로만 알았지만 절대 아니거든요. 통상 초보자들은 교관이 앞에서 말이 움직이지 못하도록 잡아 주지만 혼자 타게 되면 말이 움직이기 전에 재빠르게 올라타야 합니다. 이때 왼손으로 고삐와 갈기를 함께 잡는데 경험으로 보면 고삐와 갈기를 팽팽하게 잡을 때 말이 움직이지 않는 경우가 많았습니다. 하지만 말은 살아 있기 때문에 항상 주의를 기울여야 합니다.

실수하기 쉬운 또 한 가지. 왼발을 등자에 끼울 때 위치상 발가락 앞부분이 말의 배를 자극할 수 있는데 이건 정말 주의해야 합니다. 말이 박차로 인식하고 앞으로 달려갈 수도 있으니까요.

세 번째로는 오른발을 조심해야 합니다. 등자를 너무 길게 묶어 오른발을 안장 너머로 넘기며 오를 때 발이 안장에 걸릴 수 있습니다. 내릴 때는 오른발 뒤꿈치나 뒤꿈치에 달린 박차가 말 등을 찌르지 않도록 신경을 써야 합니다. 직접 아찔한 순간을 경험했기 때문에 이런 점들에 대해 강조하고 싶습니다.

번거로울 수도 있지만 발 받침대를 딛고 오르는 방법도 나쁘지 않습니다. 키가 작은 경우에 크게 도움이 되고 말의 등에 부담도 덜어 줄 수 있으니까요. 직접 오르는 것보다 안전하기도 합니다.

교관이나 누군가의 도움을 받는다면 아주 편하게 오를 수 있겠지요. 이때도 마찬가지로 왼손으로 갈기와 고삐를 한 번에, 그리고 오른손은 안장 끝 부분을 잡습니다. 보조자가 양손으로 발을 잡을 수 있게 왼쪽 발을 들고 체중을 오른쪽 다리에 싣습니다. 보조자가 하나 둘 셋에 타이밍을 맞춰 왼쪽 다리를 들어 주면 오른쪽 다리를 공중으로 돌리며 뛰어오릅니다. 보조자가 왼쪽 다리를 들어 올려 체중을 지탱하면 기승자는 가만히 있지 말고 양손으로 상체의 무게를 최대한 말에 지탱하면서 오른쪽 다리가 말 등을 지날 때까지 균형을 유지해야 합니다. 그러고는 말의 척추에 충격을 덜 주도록 사뿐히 내려앉습니다.

내려오는 건 어떻게 할까요. 말에서 내리는 것을 하마라고 하는데 '다리로 내려오는 걸 하마, 다리 이외의 부분으로 내려오는 걸 낙마'라는 우스갯소리가 있답니다. 낙마는 부상으로 이어지기 쉬우니 조심해야겠지요.

내려올 때 가장 중요한 건 말을 멈추게 하는 것입니다. 말이 움직이지 않도록 좌우 고삐를 가볍게 당겨 왼손으로는 갈기와 양쪽 고삐를 쥡니다. 오를 때와 역순으로 오른발을 등자에서 빼고 발을 돌려 몸의 밸런스를 잡은 뒤 양손을 안장에 의지한 채 왼발을 등자에서 빼고 자연스럽게 내려옵니다. 오른발을 돌릴 때 뒤꿈치 박차가 말 등을 찌르지 않도록, 왼발이 등자에서 잘 빠지도록 주의합니다. 이젠 말을 탈 준비가 되셨나요? 승마와 하마에 익숙해지면 거대한 말이 덩치 큰 강아지처럼 보일 것입니다.

드디어 마장으로 Go Go '평보 천리'…
가장 느린 보법으로 첫걸음

마장까지 걸으며 건강상태 점검 세 다리로 지면 딛는 안정적 걸음

체공기 없는 평보로 훈련 시작, 전방 보고 말 아랫배 누르면 출발

동작 정확하게 해 줘야 말도 반응

한국마사회의 승마장은 수장대(말안장을 얹거나 손질하는 장소)에서 말을 타는 마장까지 거리가 꽤 됩니다. 이 구간을 저는 말과 함께 걸어갑니다. 또 마장에 도착한 후에도 안장을 다시 확인하고 말을 쓰다듬어 준 뒤 평보로 마장을 두 바퀴 정도 돌아봅니다.

매번 이렇게 번거로운 과정을 거치는 첫 번째 이유는 안전을 위해서입니다. 말은 예민한 동물이고 대개 마방에 갇혀 있다 나왔기 때문에 바깥 환경에 쉽게 놀랄 수 있습니다. 두 번째는 말과 걸으면서 말의 걸음걸이나 건강상태를 확인할 수 있기 때문입니다. 특히 처음 타는 말일 경우에는 걸음걸이뿐 아니라 고삐를 끌었을 때 입이 예민한지 혹은 재갈에 무딘지 등을 어느 정도는 파악할 수 있습니다. 귀가 쫑긋 세워져 있거나 뒷걸음질을 치는 경우에는 말이 불안해하는 것이므로 각별히 주의해야 합니다. 그리고 마장에 나와 장비를 꼭 확인하는 습관도 중요한데 혹시 모를 사고를 미연에 방지하기 위한 것입니다. 예를 들어 말이 걷다 보면 배에 힘이 빠져 안장이

헐거워집니다. 반드시 복대를 다시 조여 줘야 기승 중 안장이 돌아가는 일을 막을 수 있습니다. 또한 고삐에 꼬인 줄은 없는지, 등자 길이는 적당한지 등을 반드시 확인합니다.

자 그럼 이제 말에 올라타 볼까요. 제일 먼저 평보부터 시작합니다. 생소하게 들리겠지만 평보처럼 마장에서 쓰는 용어가 나올 때마다 최대한 쉽게 설명하려고 합니다.

평보란 말의 보법 중 하나입니다. 평보는 오른쪽 앞다리-왼쪽 뒷다리-왼쪽 앞다리-오른쪽 뒷다리의 순서로 발 디딤을 합니다. 보통 분당 110m를 가는 속도를 기준으로 말하는데 말이 걷는 속도인 보도 가운데 가장 느립니다. 네 번에 걸친 발 디딤은 뚜렷하고 한결같은 빠르기여야 하는데 4개 다리 중 3개는 지면에 닿아 있기 때문에 말이 공중에 떠 있는 순간이 없습니다. 말 위에 올라 멀리 전방을 보고 다리로 말에게 살짝 자극을 주면 앞으로 천천히 나아갈 겁니다. 보통 종아리로 아랫배를 꾸욱 눌러 주고 안 움직이는 무거운 말이라면 뒤꿈치로 살짝 눌러 '우리 앞으로 가자.'라는 신호를 주면 됩니다. 여기서 주의할 점은 갑자기 차거나 TV에서처럼 고삐를 "이랴! 이랴!" 하면서 자극하는 카우보이가 되면 안 된다는 것입니다. 모든 동작은 천천히 정확하게 해야 제대로 교육받은 말이 정확하게 반응합니다. 초보자들은 갑자기 말이 움직이면 당황합니다. 저도 그랬으니까요. 그래도 말의 둥근 몸통에 잘 매달려 마음을 편하게 먹으면서 천천히 거닐어 봅니다.

평보 이외에 속보(좌속보 · 경속보), 구보, 습보가 있는데 어렵게 들리지만 걸어가느냐, 발랄하게 가느냐, 뛰어가느냐, 전력질주 하느냐의 차이입니다. 물론 더 자세히 들어가면 각 보법에도 수축(collection) 보통 (medium) 신장(extension) 등으로 나뉩니다. 쉽게 말하면 보폭을 짧게 총총 걷느냐, 그냥 걷느냐, 아니면 다리를 벌려 최대한 넓게 걷느냐의 차이라고 생각하면 되겠습니다. 보통 평보가 앞다리가 지나간 발자국을 뒷발이 그 발자국을 그대로 밟는다고 한다면 수축 걸음은 뒷다리 발자국이 앞다리 발자국에 못 미치고 신장은 뒷다리 발자국이 앞다리 발자국을 지나치겠지요.

평보 요령은 다음 편에서 좀 더 자세히 설명하겠습니다. 평보는 가장 기본이지만 흔히 승마 선수들은 평보가 가장 어렵다고 말합니다. 승마는 기본을 정확하게 하는 게 제일 난이도 높은 기술인 듯합니다.

사실 이런 기술적인 부분은 수년간의 연습으로 체득되지만 기술의 이론에 대한 이해도 중요합니다. 승마 이론과 상식은 처음에는 이해하기 어렵지만 차츰 온몸으로 느껴질 때가 올 거라 믿으시기 바랍니다.

평보 드디어 출발

허리 펴고 시선은 멀리… 움직임 즐겨야

지면 확인 · 말 성격 파악 · 스트레칭

평보로 마장 돌며 일석삼조 준비

고삐 갑자기 당기면 말에 고통

세심히 다루되 놓치지 말아야

걸으며 수시로 쓰다듬고 칭찬을

평보 출발

마장(馬場)에 나오면 가장 먼저 할 일은 마장을 천천히 평보로 거니는 것입니다. 평보는 앞서 설명했듯 오른쪽 앞다리-왼쪽 뒷다리-왼쪽 앞다리-오른쪽 뒷다리의 순서로 발 디딤을 하는 느린 걸음을 말합니다.

평보로 시작해야 하는 가장 중요한 이유는 마장의 지면 상태를 확인해야 하기 때문입니다. 말은 대부분 새로운 장소에 예민해 운동할 곳의 지형에 적응할 시간을 충분히 줘야 합니다. 두 번째는 평보를 통해 말이 부조(扶助)에 어떻게 반응하는지 웬만큼 파악할 수 있기 때문입니다. 부조란 기승자의 의사를 말에게 전달하는 매개 수단으로 재갈·박차·음성 등이 있습니다. 어떤 부조에 특히 민감한 말인지를 파악하는 건 말과의 의사소통에 매우 중요합니다. 고삐를 당겨 보거나 박차를 살짝 차 보는 식으로 쉽게 알 수 있습니다. 셋째는 스트레칭 시간을 갖기 위해서입니다. 평보를 하면서 말과 기승자 모두 몸의 긴장을 풀 수 있습니다.

이제 평보를 시작해 볼까요. 먼저 자세가 중요합니다. 상체는 어깨를 뒤로한다는 느낌이 들도록 말허리에 체중을 실어 안정감 있게 앉아 있어야 합니다. 항상 허리는 편 상태를 유지해야 합니다.

종아리로 말 몸통을 가볍게 조이면 출발. 말이 움직이지 않으면 좀 더 강하게 몸통을 눌러 주거나 발뒤꿈치에 박차가 있다면 그 박차로 살짝 자극을 주면 됩니다. 출발을 지시하는 몸통 자극의 강도는 말에 따라 천차만별이어서 자신의 다리 부조 강도나 체중을 싣는 기준점은 스스로가 온몸으로 느껴야 합니다. 기본적으로 내 허리는 잘 세워져 있어야 하고 말의 움직임에 잘 반응할 수 있도록 유연해야 합니다.

일단 말이 움직이면 속도 차이는 있겠지만 몸이 상하좌우로 움직이므로 기승자는 어색한 느낌을 받을 겁니다. 평보가 시작되면 허리를 펴고 안장에 최대한 붙어 있으려고 하면서 다리를 말의 배 옆에 붙인다는 느낌으로 감싸야 합니다. 당황해서 너무 종아리로 꽉 조이려고 하면 평보가 아니라 속도를 내라는 말로 알아들을 수 있습니다. 시선에도 신경을 써야 합니다. 틈날 때마다 언급했듯 승마에서는 허리를 펴고 멀리 바라봐야 합니다. 처음에는 두려움 때문에 땅이나 자신의 손, 말 다리나 머리를 보게 됩니다. 멀리 보라는 말도 귀에 잘 들어오지 않지요. 그래도 계속 신경을 쓰면서 허리를 펴고 멀리 바라봐야 합니다. 아래로 내려다보면 등이 굽어지고 앞으로 좋은 기술을 시도할 수 있는 신체적 자세에 부적합하게 됩니다.

말이 움직일 때는 특히 고삐에 주의해야 합니다. 기승자는 심리적인 불안감 속에 본능적으로 고삐를 당기는 경우가 있습니다. 고삐를 당기는 것은 속도를 줄이거나 멈추라는 뜻으로 알아듣는 경우가 많기 때문이지요. 재갈과 연결돼 있는 고삐는 말의 보폭을 조절하거나 후진할 여건을 만들 수 있는 가장 중요한 부조입니다. 갑자기 고삐를 당기면 말의 입에 고통을 줄 수 있다는 점을 기억하고 되도록 마음을 편안히 갖는 것이 중요합니다. 옆에 있는 교관이나 보조자도 기승자가 편한 마음을 먹을 수 있도록 도와주는 게 필요하겠지요. 그렇다고 고삐는 절대 놓쳐서는 안 됩니다.

말이 출발 신호에 잘 따랐을 때, 그리고 편안하게 걷고 있을 때 수시로 음성이나 쓰다듬기로 칭찬해 주면서 서서히 말의 움직임을 즐겨 보시기 바랍니다.

평보 보폭 조절

다리로 자주 강하게 눌러 주면 보폭 커져

수축 · 보통 · 신장으로 세분··· 큰 걸음서 보폭 줄이는 것이 유리

'신장평보'부터 우선 연습해야

고삐는 몸통 · 어깨로 당겨 조절··· 팔만 사용하면 정지 시 몸 쏠려

가장 속도가 느리고 일반적인 걸음걸이인 평보는 다시 세 가지로 나뉩니다. 앞서 잠깐 언급했던 내용을 좀 더 상세히 설명하려고 합니다. 평보는 말의 보폭에 따라 수축(collection) · 보통(medium) · 신장(extension)으로 구분됩니다. 보폭을 조절하는 것은 상당히 고급 기술에 해당되지만 이론은 미리 알고 있는 게 도움이 될 겁니다. 전문 승마 선수들도 말에게 보내는 신호를 아주 민감하게 조정해 보폭을 변경한답니다.

그렇기 때문에 이 부분에 대해서는 저의 신생님들이자 오랜 기간 말과 함께하신 전문가들의 설명을 빌리기로 했습니다. 2002년 부산 아시안게임 승마 마장마술 금메달리스트인 김정근 한국마사회 승마레저 팀장께 조언을 부탁했습니다. 2000년부터 2008년까지 마사회 승마단 감독도 역임했고 제가 책을 쓸 때 감수도 해 주신 분이죠.

우선 충분히 몸을 푼 후 말에 올라탑니다. 고삐를 팽팽히 해서 잡고 허리

를 편 채 보통 평보를 시작합니다. 다리로 말의 몸통을 잘 감싸고 출발합니다. 마장에 큰 거울이 있다면 거울을 보면서 연습합니다.

(O) 말을 정지시킬 때는 고삐를 견고히 쥔 채 체중을 약간 뒤쪽으로 옮기고 어깨를 살짝 젖혀 준다.

(x) 몸통과 어깨가 아닌 팔과 손으로 고삐를 당기면 기승자의 의사가 말에게 제대로 전달되지 않고 정지 시 몸이 앞으로 쏠리기 쉽다.

수축(collection)   보통(medium)   신장(extension)

말의 앞발 발자국이 난 자리로 뒷발이 디뎌진다면 이게 표준 평보입니다. 고삐 강도와 다리의 강도를 최대 100이라 했을 때 고삐와 다리 강도를 각각 50으로 기준을 정합니다. 이때 기승자가 좋은 자세로 앉아 있으면서 허리는 펴고 시선은 멀리 바라봐야 합니다.

이제는 다리의 강도를 더 증가시켜 더 꾹 눌러 주고 고삐를 60의 강도로

71

높여 줍니다. 말의 몸이 약간 움츠러드는 것 같은 느낌이 옵니다. 거울을 보면 앞발 발자국에 뒷발이 못 미칩니다. 수축 평보입니다. 앞다리가 표준 때보다 높게 들려져 짧은 걸음걸이로 걷는 거라고 생각하면 됩니다. 이제는 신장 평보를 해 볼까요. 다리를 더 자주 꾹꾹 눌러 줍니다. 눌러 주는 빈도와 강도를 높이는 게 중요한데 눌러 주니 말이 앞으로 쭉 나아갑니다. 고삐 강도는 40으로 표준의 50보다 약간 풀어 줍니다.

주의할 점은 말의 속도가 빨라져 속보로 나아가게 하는 정도는 되지 않도록 해야 한다는 것입니다. 김 팀장은 말합니다. "보폭 조절을 위한 부조의 강도는 말마다 다 다릅니다. 기승자의 체형도 제각각입니다. 자신이 타는 말로 다양한 시도를 해 보면서 감각을 서로 맞춰 가야 합니다."

선수들은 보통 이 세 가지 보법 중 신장 평보를 우선 연습한다고 합니다. 말의 몸이 퍼진 상태에서 걷기 시작해 보폭을 줄이는 게 훨씬 유리하기 때문이랍니다. 보폭 변화는 평보보다 좀 더 빠른 속보에서 확연한 차이가 나고 기승자도 몸으로 잘 느낄 수 있습니다.

이제 걷는 말을 정지시키는 방법도 알아야겠지요. 처음에는 고삐만 당기면 말이 멈추는 줄로 알았습니다. 하지만 강도 조절을 잘못해 말이 반항한 적이 자주 있었습니다. 말의 움직임을 정지시키려면 주먹은 꼭 쥐고 체중을 약간 뒤로 옮겨야 하는데 보통 엉덩이가 안장에 잘 고정된 상태에서 어깨를 뒤로 약간 젖혀야 합니다. 이때 종아리는 말의 몸통을 잘 감싸고 있어야 합니다.

고삐를 쥔 양손이 살짝 자신의 배꼽 방향으로 당겨진다는 느낌이 드는데 만약 말이 서지 않는다면 뒤로 젖히는 강도를 높이고 급정지하는 경우에는 다음부터 강도를 줄입니다. 지금 타고 있는 말의 부조 반응에 대해 자신 스스로가 몸으로 파악해야 합니다. 말이 잘 정지한 후에는 꼭 쥐고 있던 두 주먹의 힘을 빼 재갈로 인해 아팠을 입을 편하게 해 줍니다. 이런 게 말과의 대화입니다.

멈추라는 신호를 보낸 후 잘 통했을 때는 이에 대한 답으로 입을 편하게 해 주거나 칭찬을 해 줘야 합니다. 그래야 말이 알아듣고 기승자의 신호에 맞게 행동했다는 것을 깨닫습니다. 학습효과와 같은 건데 말과의 교감이라는 표현으로 정의하고자 합니다. 이런 교감을 위해서는 기승자의 순발력이 필요합니다. 말이 신호에 맞춰 잘 멈췄는데도 고삐를 계속 당기고 있으면 말은 오해를 하게 되지요. 이런 오해 없이 승마를 즐기려면 그때그때 상황에 따라 말에게 칭찬을 해 줘야 합니다.

경속보로 달리는 맛보기

말 걸음 따라 엉덩이 업다운 해 반동 흡수

양 다리로 말 몸통 꽉 지탱하고 무릎 · 발로 살짝씩 엉덩이 들어 말에
체중 부담 덜어 주는 보법

진행방향 반대쪽 발 착지 시 앉고 일어날 땐 고삐 당기지 않도록 주의

1번	2번	
경속보 앉았을 때	경속보로 일어났을 때	안좋은 예

평보를 배웠으니 이제 속보를 해 볼 차례입니다. 평보가 그냥 걸어가는
가장 느린 보법이라면 속보는 발랄하게 걷는 것을 말합니다. 평보보다는
속도나 진동을 체감할 수 있어서 달리는 느낌의 맛보기 정도라고 할 수 있

시크릿(secret) 승마노트

겠지요.

속보는 걸음의 반동에 따라 엉덩이를 들어 주는 경속보(rising trot)와 말 몸통 위에 지긋이 앉아서 타는 좌속보(sitting trot)가 있습니다.

먼저 경속보를 살펴보겠습니다. 경속보는 운동 특성상 말에게 부담을 덜 주기 때문에 몸을 풀어 줄 때 가장 많이 사용하게 될 보법입니다. 가볍게 속보를 한다는 뜻으로 막상 해 보면 처음에는 어색하지만 점차 경속보가 제일 유용하다는 사실을 알게 될 겁니다.

말의 운동을 방해하지 않고 부담을 덜 주려고 기승자가 다이어트를 해야 하는 걸까요. 체중 감량이 도움이 안 되는 것은 아니겠지만 근본적으로는 기승자의 체중이 말의 움직임을 거스르지 않도록 하는 게 중요합니다. 이를 위해서는 기승자가 엉덩이를 말의 발걸음에 맞춰 가볍게 들어 줘야 합니다. 속보는 2박자 리듬으로 진행되는데 경속보는 여기에 맞춰 기승자가 일어섰다 앉았다를 반복하는 것이며 말의 반동을 흡수하는 데 유리합니다. 유연성이 부족한 초보자들에게는 좌속보다 훨씬 쉬운 방법입니다. 말의 입장에서는 위밍업과 근육 스트레칭을 하는 효과가 있습니다.

일어섰다 앉았다 하는 업다운 동작에도 요령이 있습니다. 우선 엉덩이를 들어 올릴 때 장딴지를 말 몸에 밀착시켜 말의 반동에 의해 자연히 올라갈 때를 기다려 상체를 올려 주는 게 좋습니다. 엉덩이를 너무 크게 들 필요도 없습니다. 살짝 들어서 안장에 충격을 주지 않는 정도면 충분합니다. 양다리로 말의 몸통을 꽉 잡는 게 중요한데 이렇게 하면 엉덩이를 올렸다 내릴 때 훨씬 더 부드럽게 리듬을 맞출 수 있습니다. 즉, 발을 올린 두 등자에 몸을 지탱하고 무릎과 발을 이용해 상체를 조용히 들고 조용히 앉는 겁니다. 조용히 움직이라는 말은 상체를 필요 이상으로 높이 일어서거나 말보다 기승자가 먼저 움직이기 시작하지 않는 것, 그리고 허리를 앞으로 구부리지 않는 것을 의미합니다. 많은 사람들이 힘을 주고 등자를 밟고 서서 반동에 몸이 크게 흔들리고 허리가 굽혀져서 균형을 잡느라 고삐를 당기는 실수를 합니다. 사람과 말의 균형을 위해서는 모든 동작을 말 중심에서 생각해야 합니다.

초보일 때 경속보를 하면서 엉덩이를 크게 올리는 바람에 말의 등을 쿵쿵 찧으면서 다녔던 기억이 납니다. 자세가 불안했던 이유도 있었지만 그당시에는 경속보를 왜 하는지 잘 몰랐기 때문에 더욱 그랬습니다. 리듬을 타면서 엉덩이를 가볍게 들었다 내리면 충격이 줄어들기 때문에 말이 훨씬 부드럽게 갈 수 있습니다.

말의 진행방향에 따라 좌우 경속보로 나뉩니다. 왼쪽으로 돌며 하는 게 좌경속보이고 오른쪽으로 도는 게 우경속보입니다. 속보부터는 네 발이 움직이는 걸음에 맞춰 리듬을 맞추는 게 중요합니다. 좌측 회전 시에는 오른쪽 앞다리가 착지할 때 안장에 앉고 우측 회전 시에는 왼쪽 앞다리가 착지할 때 안장에 앉아야 말과 균형을 유지하며 나아갈 수 있습니다. 말이 다리를 딛는 순서 때문에 보통 좌경속보에서는 엉덩이를 들었을 때 말의 오른쪽 앞발이 보이고 우경속보에서는 왼쪽 앞발이 보입니다. 이렇게 앞발이 보이는 것을 기준으로 삼으면 경속보에서 리듬이 틀리는 실수를 줄일 수 있습니다. 엉덩이를 들어 올릴 때 특히 고삐와 연결된 주먹을 무의식적으로 당기지 않도록 주의합니다. 말이 아파하거나 정지 명령으로 받아들일 수 있기 때문입니다.

좌속보, 몸을 천 가방이라고 생각하세요

무게 중심 낮춰 엉덩이 안장 밀착… 발은 등자에 살짝

엉덩이 안 떼고 충격 흡수하는 보법

상체 약간 뒤로 젖혀 말에 체중 전달

관절 이완시켜 유연하게 움직여야

말의 반동에 몸을 적응시키기 위해서는 엉덩이를 항상 안장에 밀착시키고 허리를 편 채 어깨선이 뒤쪽으로 쏠리는 느낌이 들도록 하여 체중이 말의 허리에 잘 전달될 수 있도록 한다. 상체와 머리를 숙이거나 고삐 쥔 손을 들어 올리면 중심이 무너지기 쉽고 등자를 너무 강하게 밟으면 다리가 앞으로 나가 자세가 불안정해진다.

활발하게 걷는 속보 가운데 경속보에 이어 이번에는 좌속보(sitting trot)에 대해 알아보려고 합니다. 좌속보의 이론은 경속보보다 간단합니다. 그냥 잘 앉아 있으면 됩니다. 하지만 온몸으로 말의 반동에 의한 충격을 흡수해 내야 하기 때문에 제대로 하기란 정말 어렵다는 사실을 먼저 알려드립니다.

평보가 4발로 박자를 하나하나 맞추는 4박자의 리듬이라면 속보는 이보다 박자가 빠른 '쿵짝쿵짝'의 2박자 리듬이라고 생각하면 이해하기 쉽습니다. 속보에서의 2박자 리듬은 반동이 커서 온몸에 충격이 제대로 온답니다. 경속보라면 이 타이밍에 엉덩이를 들어 주지만 좌속보에서는 그렇게 하지 않습니다.

말이 움직이면 보통 상체가 앞으로 쏠리게 됩니다. 평보와 달리 어깨도 흔들리고 등도 굽지요. 이럴 땐 어깨선이 한쪽으로 기울어지면 안 되고 약간 어깨선이 뒤쪽으로 쏠리는 느낌이 들도록 해 움직이는 말의 중심에 몸을 적응시켜야 합니다. 그러기 위해서는 엉덩이를 항상 밀착시키고 체중이 말의 허리에 잘 전달될 수 있도록 아랫배를 지그시 내밀고 허리를 펴 줍니다.

저는 좌속보를 많이 연습하는데 개인적으로 제일 어렵다고 느끼기 때문입니다. 몸이 통통 튀고 손이 위아래로 심하게 흔들립니다. 몸이 딱딱하게 굳어 충격을 완화하지 못하는 게 그 이유입니다. 말 위에서 무게 중심이 흔들리면 고삐를 쥔 주먹도 흔들리고 이는 말의 재갈에 자극을 줘 말의 판단과 리듬을 방해하기도 합니다.

초보일 때 이 반동을 허리로 받아 내지 못해 온몸이 '탕탕탕' 튀면서 마장을 누빈 기억이 있습니다. 당시에 몸이 튀는 걸 막기 위해 넓적다리를 들고 관절을 최대한 이완시키려고 했는데 나름대로 도움이 된 스트레칭이었습니다. 안장에 몸이 박히는 느낌이 들도록 노력했고 양쪽 다리를 땅까지 최대한 내린다는 생각으로 이미지 트레이닝도 했었습니다. 체중이 아래까지 내려가지 않고 말 등에 가까스로 매달려 있는 형태로는 무게 중심이 높아져 자세가 불안정해집니다. 무릎의 힘으로 자세를 유지하려고 하면 정작 말의 몸에 붙여 줘야 할 종아리가 떨어집니다. 속보에서 가장 중요한 부분인 좋은 리듬 찾기가 불가능하겠지요. 하체를 고정시킨 후에는 허리·등·어깨를 유연하게 하는 데 집중했습니다. 그리고 등자는 발을 살짝 걸치듯이 밟아야 합니다. 너무 강하게 밟으면 등자를 밀어 다리가 앞으로 나가게 되고 발이 너무 깊게 들어가면 무릎이 올라갑니다.

완충 방법을 두고 고수들은 "말 위에 많이 앉아 있을수록 기승자의 관절이 벌어지고 부드러워진다."라고 말합니다. 경험이 쌓여야 한다는 말이지만 여건이 여의치 않은 동호인들은 시행착오를 줄여야 하지요. 제 경우에는 언젠간 내 몸이 완벽하게 부드러워질 것이라 믿고 몸을 최대한 풀고 자세를 처음부터 잘 잡습니다. 내 몸을 플라스틱 가방이 아닌 '부드러운 천 가방'이라고 생각하면 도움이 될 것입니다. 상체가 긴장하면 하체를 고정시킬 수 없을 뿐 아니라 말의 반동을 받아 내지 못해 몸이 통통 튀게 됩니다. 위에서 말한 악순환이 시작될 조짐이 느껴지면 말을 멈춰 서게 한 후 다시 시작합니다. 열까지 세고 고삐도 조절하고 호흡도 크게 하면서 긴장을 풀어 봅니다.

속보의 응용

'수축 · 신장' 보폭 조절, 고삐 · 다리 힘으로

고삐 · 다리 강도 함께 높이면 수축

다리 누르는 빈도 · 강도 높이고 고삐 느슨하게 올려 잡으면 신장

말 활발하게 걷도록 리듬 맞춰야

수축속보(왼쪽)   신장속보(오른쪽)

수축속보 때보다 다리로 자극하는 빈도와 강도를 높이는 반면 고삐는 살짝 풀어 주면 신장속보를 할
수 있다.

이제 막 승마를 시작한 한 독자께서 물어보십니다. 승마장에서 평보나
속보 같은 몇 가지 보법을 배우기는 하는데 왜 필요한지 잘 모르겠다는 게
요지였습니다.

결론부터 말하자면 '말을 자유롭게 부리기 위해서'입니다. 자동차 운전을 할 때 출발하거나 정지하기 위해 기어와 클러치 · 브레이크 · 엑셀을 이용하는 방법을 배운 뒤 코스와 장거리 시험을 치르지요? 결국 차에 무리를 주지 않으면서 어떤 상황에서도 원하는 대로 조종하기 위한 겁니다. 승마도 같은 이치입니다. 다만 생명이 있는 말과 함께한다는 게 차이점이고 말과의 호흡 능력이 중요하기에 여러 보법을 익히는 것이라 하겠습니다. 또 올림픽 등에서 마장마술 경기를 제대로 관전하기 위해서는 보법에 대한 이해가 필수입니다.

앞서 평보와 속보를 살펴봤습니다. 속보도 평보에서와 마찬가지로 말의 보폭에 따라 수축(collection), 보통(medium), 신장(extension)으로 구분됩니다. 보폭 조절 능력은 고급 기술로 분류되고 전문 승마 선수들도 말에게 보내는 신호를 아주 민감하게 조정해 보폭을 변경한답니다. 마장마술 경기에서도 높은 클래스에서 볼 수 있는 부분인 만큼 이번 내용은 2014년 인천 아시안게임 금메달리스트이자 마장마술종목 전문인 전재식 한국마사회 승마선수단 감독님의 조언을 바탕으로 설명하겠습니다.

보폭 조절은 말과 기승자의 몸을 충분히 푼 후 시도해야 합니다. 워밍업이 이뤄졌다면 고삐를 팽팽히 잡고 허리를 곧게 편 상태로 좌속보를 시작합니다. 말 등에서 전해 오는 반동에 맞춰 엉덩이를 들어 주는 게 경속보, 엉덩이를 밀착시킨 채 반동을 흡수하며 리듬을 맞추는 게 좌속보라고 알려드렸지요. 속보는 가장 느린 평보보다 경쾌한 걸음이며 통통거리는 반동도 큽니다.

보법을 조절하려면 자신의 기준을 잡는 게 중요합니다. 큰 거울을 활용하면 좋습니다. 고삐 쥔 손의 완력과 다리로 자극하는 강도를 기준으로 말의 보폭을 확인합니다. 앞발 발자국이 난 자리로 뒷발이 디뎌진다면 표준인 보통속보입니다. 이때의 고삐와 다리의 강도를 각각 기준 50(최대를 100)으로 잡습니다. 다리와 고삐의 강도를 60으로 높여 주면 말의 몸이 약간 움츠러드는 듯한 느낌이 옵니다. 거울을 보면 앞발 발자국에 뒷발이 못 미칩니다. 수축속보입니다. 앞다리가 표준 때보다 높게 들려져 걸음걸이가 짧아지는 겁니다. 신장속보를 하려면 다리로 눌러 주는 빈도와 강도를 높입니다. 동시에 고삐 강도는 40으로 표준인 50보다 약간 풀어 주고 고삐 위치를 살짝 위로 올려 줘 말이 멀리 바라볼 수 있게 해 줍니다. 단 말이 구보로 달리지는 않도록 주의합니다. 신장속보는 수축보다 반동이 세기 때문에 몸에 힘을 뺄수록 반동을 이겨 내기 좋습니다. 또한 이런 보법의 이해는 말마다 강도와 기준이 다르고 감각적인 부분이기 때문에 기승자가 많은 연습을 통해 온몸으로 느껴야 합니다.

속보의 완성은 말의 모양이 좋아야 한다는 것인데 전문가들은 유연한 등의 움직임과 후구(말의 엉덩이 부분)의 탄력성, 일정한 율동과 균형 잡는 능력을 기준으로 예술성이나 보법에 대한 평가를 합니다. 그래서 기초강습을 받을 때 항상 말을 활발하게 보내라고 요구합니다. 속보의 리듬은 다른 보법보다 좌우 균등한 근육의 발달을 촉진하고 몸을 풀어 주기에 적당합니다. 상식적으로 왼쪽 뒷다리와 오른쪽 앞다리, 체공기, 오른쪽 뒷다리와 위쪽 앞다리, 체공기 순으로 움직인다는 것만 알아 두면 리듬을 맞추는 데에 도움이 됩니다. 참고로 승마경기를 관람할 때 속보는 분당 220m 정도의 속도로 가는 게 보통이고 재갈에 대한 반응, 뒷다리, 등, 목덜미, 그리고 턱 부위의 움직임에서 자유롭고 적극적이며 규칙적인 발걸음을 보여야 합니다.

드디어 뛴다… 구보 맛보기

따그닥 따그닥 3박자 리듬으로 "말 달리자"

강하게 아랫배 눌러 출발… 말머리 많이 움직여 고삐 텐션 유지 중요

왼쪽으로 돌려면 왼쪽 다리로 눌러 주고 오른쪽 다리는 뒤로 빼 줘야

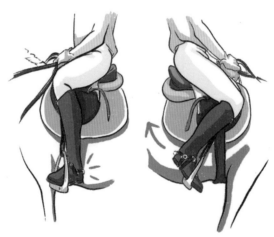

좌구보 시 다리 동작(왼쪽 다리로는 달려 보자고 자극, 오른쪽 다리는 뒤로 쭉 뺀다.)

평보와 속보에 이어 구보(canter)에 대해 알아보겠습니다. 엉덩이를 안장에 붙인 채 빠르게 걷는 좌속보가 어느 정도 익숙해졌다면 구보를 시도할 차례입니다. 구보는 지금까지 배운 다른 보법보다 속도가 빠르고 운동량이 많기 때문에 말의 근육이나 심폐기능을 향상시킬 수 있는 보법입니

다. 구보는 '따그닥' 리듬의 보법으로 경쾌한 발걸음이 특징입니다.

이 글을 통해서도 자주 강조하겠지만 승마에서 리듬이란 말에 대한 이해가 중요합니다. 음악으로 치면 구보는 '따그닥'의 3박자 리듬입니다. 속보는 '따각' 2박자, 평보는 '따그다닥' 4박자라고 할 수 있습니다. 또한 말은 몸의 구조상 앞으로 똑바로 가는 것보단 오른쪽 원을 만드는 우구보, 왼쪽 원으로 도는 좌구보가 편합니다. 그래서 앞으로 여러분이 숙달되면 말 운동시킬 땐 직진으로 가는 동작보단 원을 그리며 운동하는 것을 많이 하시게 될 겁니다. 속보는 우속보, 좌속보가 있겠지요. 구보는 세 번에 걸친 발걸음으로 이뤄지며 오른쪽으로 도는 우구보는 왼쪽 뒷다리-오른쪽 뒷다리와 왼쪽 앞다리-오른쪽 앞다리의 순서로 진행됩니다. 한 걸음걸이에서 또 다른 한 걸음걸이로 옮겨질 때 네 다리가 모두 공중에 뜨기 때문에 순간적으로 공중에서 정지 상태에 있게 됩니다. 이런 리듬감을 살려서 다양한 기술을 상황에 맞게 펼쳐야 합니다.

구보를 할 때는 말 머리가 순간순간 많이 움직이기 때문에 기승자가 이에 맞춰 고삐의 텐션을 유지해야 합니다. 보통 "부드러운 재갈을 유지하라."라고 하는데 이는 고삐를 살살 잡았다가 말 머리의 움직임에 맞게 재갈의 압력을 조절하며 말의 진행상황에 맞춰 주라는 말입니다. 단, 고삐가 출렁거릴 정도로 놓아 버려선 안 됩니다. 이것은 연결(Contact)이 끊겼다고 표현하는데 운전대를 놓았다고 생각하시면 될 겁니다. 반드시 운전대는 잡고 계셔야 자동차든 말이든 컨트롤 할 수 있습니다. 단지 상황에 따라 꼬옥, 아니면 살살 잡아야 하는 차이가 있습니다.

구보도 속보처럼 좌구보와 우구보가 있습니다. 왼쪽으로 도는 좌구보는 오른쪽 뒷다리-왼쪽 뒷다리와 오른쪽 앞다리-왼쪽 앞다리-체공기 순으로 이뤄집니다. 반동에 맞춰 슬쩍 내려다봤을 때 왼쪽 앞다리가 보이면 올바른 좌구보를 하고 있는 것입니다. 오른쪽으로 도는 우구보는 오른쪽 앞다리가 보이겠지요.

그럼 구보는 어떻게 할까요. 저는 처음 구보를 배웠을 때의 느낌을 지금도 생생히 기억하고 있습니다. 한편으로는 무섭고 한편으로는 말의 근육과 거친 호흡소리도 들을 수 있어 경이로웠습니다. 구보를 경험하면 신나고 신기해서 승마에 푹 빠지게 된답니다.

구보를 출발할 때는 속보보다 더 강한 강도로 아랫배를 눌러 줍니다. 대부분 말들이 제대로 교육을 받았다면 이런 발 부조에 응해 뛸 겁니다. 간혹 좀 무딘 말도 있는데 그럴 때는 종아리로 더 강하게 눌러 주고 그래도 안 되면 박차를 살짝 쓰면 됩니다.

구보에서는 다리의 위치가 중요합니다. 보통 다리로 신호를 주면서 몸이 흔들리거나 중심이 흐트러지는 경우가 많습니다. 강도가 속보나 평보보다 크기 때문에 몸이 이리저리 흔들리면서 출발할 수 있으니 주의해야 합니다. 왼쪽이나 오른쪽으로 가려고 할 때는 돌려는 방향의 안쪽 다리는 눌러 주고 바깥쪽 다리는 약간 뒤로 빼는 게 기본입니다. 왼쪽으로 돈다면 왼쪽 다리로 박차를 주거나 종아리로 꾹 눌러 주고 오른쪽 다리는 기존 위치보다 뒤로 쭉 빼 줘야겠지요. 이렇게 하는 이유는 왼쪽으로 돌 것을 명령하며 엉덩이 부분이 엉뚱한 방향으로 빠지지 않게 미리 유도하는 겁니다.

이런 동작을 응용해 말을 휘게 하거나 스트레칭을 시킬 수도 있답니다.

그만큼 기승자의 다리 부조는 다양한 역할을 합니다. 이외에 체중이나 고삐 연결 등 다양한 요소들이 동시다발적으로 이뤄지는데 차차 설명하기로 하겠습니다.

시크릿(secret) 승마노트

속도 내 달려 봅시다

구보의 기초를 알아 봤으니 본격적으로 연습해 볼 차례입니다. 구보를 처음 배울 때는 교관이 조마삭 끈(調馬索 · 말을 원 운동시킬 때 말의 머리 부분에 고정시키는 보조용 끈)을 잡고서 훈련시키는 것이 보통입니다. 조마삭을 이용하는 것은 초보자가 구보를 할 때 속도를 감당하지 못할 수 있고 말이 갑자기 다른 방향으로 나갈 수 있기에 안전을 위해서도 정석입니다.

먼저 속보를 하다가 말을 구보로 보내는 연습을 합니다. 어느 정도 속도 감이 있는 상태에서 구보를 해야 수월하기 때문입니다. 초보자에게 정지해 있거나 느리게 걷는 말을 구보로 전환시키는 것은 어려운 일입니다. 경험으로 볼 때 말이 구보로 뛰어가도록 만드는 것이 어려운 이유는 기승자가 정확한 구보 신호를 주지 못하는 것이 대부분입니다. 앞서 설명했듯 구보를 하기 위해 왼쪽으로 도는 좌구보에서는 왼쪽 다리로 말의 배를 눌러 주고 오른쪽 다리는 복대 뒤쪽으로 빼 줘야 합니다. 우구보에서는 반대죠. 안쪽 다리로 눌러 줘도 구보를 시작하지 않을 때는 좀 더 센 자극이 필요합니다. 그래도 안 되면 박차를 가하거나 음성 신호를 이용해 재촉해야 합니다.

우구보를 시작해 볼까요. 기승자는 오른쪽으로 속보로 돌면서 전체적으로 원의 궤적에 따라 말의 몸체를 휘어지게 해야 합니다. 그 방법은 안쪽 다리를 복대 부분에 살짝 대 줘 말의 몸이 자연스레 휘어지게 해 주고 안쪽 고삐는 가려는 방향으로 살짝 당겨 줘 말이 오른쪽으로 방향을 잡게 하는 겁니다. 그러다가 잡고 있던 고삐를 팽팽하게 해 약간의 긴장감을 주고 안쪽 다리로 말 복대 뒷부분을 지그시 눌러 구보를 시작합니다. 당연히 이때 바깥쪽 다리는 안쪽 다리보다 훨씬 더 뒤쪽으로 빼야겠지요. 주의할 점은 다리에 힘을 주다가 상체가 앞으로 기울어지면서 중심을 잃기 쉽다는 것입니다. 그렇기 때문에 교관은 아래를 내려다보지 말라고 강조합니다. 기승자는 항상 허리를 꼿꼿이 펴고 멀리 봐야 합니다. 가슴을 쫙 펴고 어깨를 살짝 뒤로 해야 보기 좋은 자세가 됩니다.

구보의 변형자세로 상체를 약간 앞으로 기울이는 전경자세라는 것도 있습니다. 장애물 경기에서 속도와 리듬이 필요할 때 활용되는데 특히 말의 구보 반동을 기승자의 몸으로 흡수할 수 없을 경우에도 유용합니다. 구보로 달릴 때 말의 움직임에 방해가 되지 않도록 상체를 앞으로 약간 숙이고 엉덩이를 살짝 들어 주면서 하체로 균형을 유지하는 것이 방법입니다. 구보를 할 때 엉덩이를 살짝 들고 엉덩이를 든 만큼 고삐를 아주 짧게 잡아 밸런스를 맞춥니다. 종아리에 힘을 주고 시선을 멀리에 둔 채 전진합니다.

빠른 속보에서 구보로 보내는 것이 잘된 후 평보에서 구보로, 정지에서 구보로 가는 것을 연습한다면 고급 승마인에 가까워지게 됩니다. 이렇게 보법을 바꾸는 것을 이행운동이라고 하는데 보법 변화를 자유자재로 하게 될수록 평소 말과의 교감이 잘돼 있고 말에게 정확한 신호를 주고 있다는 것을 의미합니다.

구보의 응용

고삐 살짝 풀고 마체 강하게 누르면 길게 뛰어

수축 땐 발로 옆구리 누르며 어깨 뒤로 젖히면 속도 줄어

안정된 기좌자세서 무게 중심 이동법 익혀야

보폭이 크고 말의 몸이 쭉 뻗은 신장구보(오른쪽)와 보폭이 좁고
몸이 웅크려진 형태의 수축구보(왼쪽)

왼쪽(수축구보)　　　　　　　　　오른쪽(신장구보)

얼마 전까지만 해도 구보는 단순히 달리는 것이라고 생각했습니다. 속도
나 리듬감에 대해서는 이해가 충분하지 못했던 거죠. 속도를 줄이려면 고

삐만 당기면 되는 줄 알았는데 그게 아니었습니다. 교관의 설명에 의하면 구보도 다양하게 구사할 수 있답니다. 예를 들어 고삐가 팽팽하게 연결된 상태에서 어깨만 약간 뒤로 젖혀도 자연스럽게 속도를 늦출 수 있습니다.

구보도 앞서 설명한 평보 · 속보에서와 마찬가지로 수축 · 보통 · 신장 세 가지로 구분해 생각하면 도움이 됩니다. 말의 몸과 보폭을 늘였다 줄였다 하며 연습을 하면 말에게도 운동이 되고 기승자는 다양하고 복잡한 기술을 펼칠 때 완성도를 높일 수 있습니다.

수축구보는 수축속보와 비슷하게 보폭을 줄여 보통 구보보다 말의 등이 위쪽으로 휘어지고 고개가 약간 숙여진 상태로 뛰는 걸음입니다. 통상 분당 320m를 가면 보통구보, 이를 중심으로 적게 가면 수축구보, 420m까지 가면 신장구보로 봅니다. 수축구보는 속보에서 말을 줄이는 것과 비슷하지만 속보보다는 속도감이 더 있어 보폭과 몸을 줄이려고 어깨를 뒤로 하면서 고삐를 대책 없이 당기다 보면 말에게 재갈의 고통만 줄 수 있으니 조심해야 합니다.

수축구보를 하는 방법은 속도를 줄임과 동시에 말을 수축시키기 위해 발로 말의 옆구리를 꾹 눌러 케첩 짜듯이 밀어주는 겁니다. 스프링이 눌려 휘어지는 것처럼 말이지요. 발과 어깨의 신호 강도를 동시에 적용시켜야 하는데 처음에는 생각처럼 쉽지 않답니다. 우선 이론을 이해하고 몸으로 직접 느껴야 합니다. 이런 방법으로 말을 제어하면 결과적으로 말의 속도가 줄어드는 동시에 말이 한 발자국씩 탄력적으로 뛰게 됩니다.

신장구보는 큰 걸음으로 가기 위해 보통 구보에서 당겨진 고삐를 살짝 풀고 다리로 더욱 마체를 자극해 줍니다. 이때 속도가 빨라질수록 보폭이 커지는 경향이 있습니다.

제가 이 세상의 말을 다 알지 못하듯이 분명 말마다 다양한 구보의 형태가 있을 겁니다. 그렇지만 중요한 것은 어떤 형태의 구보에서도 반드시 기좌(sitting · 앉는 자세)를 잘 잡은 상태에서 다양한 시도를 해야 한다는 점입니다. 모든 보법은 기좌가 안정된 상태에서 이뤄지는 것이기 때문입니다. 안정된 자세에서 다양한 시도를 하면서 몸의 무게 중심을 이동하는 방법도 익히고 더 나아가 장애물이나 더 어려운 기술에도 도전할 수 있게 될 것입니다.

참고로 습보(Gallop)가 있는데 이건 보통 경마에서 하는 전력질주를 가리킵니다. 최대 보폭을 활용해 최고 속도를 내는 보법이죠. 구보의 연장으로 볼 수 있고 '뒷다리가 지면에서 거의 떨어지려 함-뒷다리가 지면에서 떨어짐-앞다리가 지면에서 거의 떨어지려 함-앞다리가 지면에서 떨어짐'의 네 번에 걸친 발놀림으로 이뤄집니다. 기승자는 안정적으로 말을 끊임없이 앞으로 몰아야 하기 때문에 육체적으로 강인한 신체 조건을 갖추고 있어야 합니다.

제4부

허세를 위한 승마교실

말 위에서 잘 지내기 〈상〉

안장코 최대한 가까이 앉으면 무게 중심 가까워져 말이 움직이기 편해
허리 꼿꼿이 · 다리는 말 몸통 밀착… 체중 분산시켜 충격 줄여 주도록
안장코에 바짝 붙을 만큼 안장 앞쪽에 앉고 허리를 꼿꼿이 펴야
기승자가 균형을 잡기 쉽고 말도 편안하게 움직일 수 있다.

많은 동호인들이 자주 하는 질문이 어떻게 해야 말을 잘 탈 수 있느냐는
겁니다. 이는 어떻게 하면 어떤 상황에서도 볼록한 말 몸통 위에 멋지고 안
전하게 잘 앉아 있느냐 하는 말과 같습니다. 승마를 하는 누구나 늘 고민하
는 내용이죠. 말 위에서 잘 지내는 방법을 세 차례에 걸쳐 소개할까 합니
다. 경험과 선수, 교관들로부터 배운 노하우, 전문서적 등을 바탕으로 설명
하겠습니다.

첫 주제는 '중심으로 타라.'라는 것입니다. 처음에는 막연하게 들리겠지
만 한번 생각해 두면 차차 몸으로 느낄 수 있을 겁니다.

교관 중 한 분은 항상 "중심으로 타야 한다."라고 강조했습니다. 어떤 상
황에서도 중심을 잘 잡고 타라는 말입니다. 물론 이 말 속에는 수많은 의미
가 내포돼 있지만 가장 우선은 기승자가 자세를 잘 잡고 최대한 안장에 밀

착해 앉아야 한다는 뜻입니다. 그동안 이 코너에서도 가장 많이 언급했던 기본 중에도 기본이지요. 이제 좀 더 기본을 다지고 자세히 들어가 보겠습니다.

말의 중심은 안장을 채웠을 때를 기준으로 안장 앞에 위치합니다. 즉, 말의 심장 가까운 부분이 됩니다. 보통 기승자가 말의 무게 중심에 가까이 자리할수록 말이 움직이기가 좋습니다. 그런데 말의 구조상 안장을 매고 기승자가 앉는 위치는 말의 무게 중심 바로 위가 아닌 약간 뒤쪽에 앉게 됩니다. 말의 중심과 내 중심이 일직선상에 있지 않고 내가 약간 뒤에 있다는 얘기입니다. 여기서 중요한 사실 한 가지는 두 물체가 함께 움직일 때 가장 효과적으로 움직일 수 있는 방법은 두 물체의 무게 중심을 최대한 일치시켜야 한다는 겁니다. 가방을 등에 멘 채로 달릴 때 어깨끈을 최대한 줄여 가방을 등에 밀착시켜야 잘 달릴 수 있다는 사실을 몸으로 느껴 본 경험이 있을 겁니다. 가방이 너무 아래로 처져 있으면 달리기가 힘들어질 겁니다.

말이 가만히 서 있다면 문제가 없겠지만 말이 움직일 때는 말의 무게 중심이 기승자보다 먼저 나아가게 됩니다. 그러면 등 위에 가만히 앉아 있는 사람은 말의 움직임보다 한 박자 이상 늦게 움직이겠지요. 만약 말이 움직이는 상황에서 기승자가 일부러 몸을 뒤로 젖히거나 앞으로 기울이면 말의 속도 또한 달라집니다. 말의 중심이 기승자에 의해 흔들리면서 불편함을 느끼기 때문입니다. 그래서 똑똑하고 훈련이 잘된 말은 스스로 사람과의 중심을 맞추기 위해 움직이는 속도를 조절한답니다.

기승자와 말의 무게 중심을 효율적으로 맞춰 움직임을 편하게 하는 방법이 없을까요. 안장에 최대한 앞쪽으로 앉으려고 노력하고 허리를 꼿꼿이 세우는 것입니다. 제 경우는 안장 앞에 있는 안장코에 최대한 가까이 앉습니다. 이렇게 하면 기승자의 무게 중심과 말의 무게 중심 사이의 거리가 가까워져 말이 움직일 때 훨씬 편안함을 느끼기 때문입니다. 또한 허리를 꼿꼿하게 세우는 것은 기승자의 체중을 고루 분산시켜 줘 말에 가해지는 충격을 줄여 주기 위함입니다. 단, 기승자가 다리를 말 등에 딱 붙은 것처럼 고정시킬 수 있다는 조건하에서입니다.

말과 기승자의 중심에 대해 조금 이해가 되셨겠지요. 이런 중심을 이용해 말을 훈련시키는 다양한 방법도 있지만 우선 중심의 기본 원리를 이해하고 자세를 잘 잡아 말이 움직이는 데 불편함을 느끼지 않도록 노력해야 합니다. 앞으로 상체와 하체로 나눠 좀 더 세부적으로 알아보겠습니다.

말 위에서 잘 지내기 〈중〉

개선장군처럼… 허리 곧게 세워 안장 앉아야

귀-어깨-골반-발뒤꿈치 일직선으로

최대한 안장 앞에 앉고 시선은 멀리

고삐 쥔 주먹 배꼽 20cm 앞에 두고 무릎은

안장에 가볍게 밀착올바른 기좌법

많은 승마 관련 책들은 기승자의 앉는 자세에 대해 설명하고 있습니다. "엉덩이 좌골이 무게 중심의 축이 되고 머리, 어깨, 허리, 그리고 발뒤꿈치가 일직선이 될 것.", "기승자의 귀, 어깨, 고관절과 발뒤꿈치가 가능한 한 하나의 수직선상에 와 있어야 한다." 등이죠. 이를 이해하고 완벽하게 실행할 수 있다면 대단한 고수입니다. 현장에서는 흔히 말 위에서 최대한 몸에 힘을 빼고 말을 자유자재로 조종할 수 있는 자세를 만드는 기승자를 고수라고 말합니다. 보통 말이 움직이는 동안 방향에 따라 자세도 약간씩 바뀌야 하는데 신속하고 조용하게 해야 합니다. 즉 말(馬)과 행동이 일치해야 실력자요, 고수입니다.

그렇다면 바르지 못한 자세는 어떤 걸까요. 말을 불편하게 만드는 자세입니다. 보통 기승자의 몸이 경직돼 있을 때 자주 발생합니다. 초보자인 경우 대개 긴장해서 몸이 굳는 경우가 많습니다. 몸이 딱딱하면 말과의 접촉면이 부족하고 쓸데없는 힘으로 인해 말에게 잘못된 부조(기승자의 신호 전달)를 줄 수도 있습니다. 말을 불편하게 할 뿐 아니라 말에게 혼돈을 일으킬 수 있다는 겁니다.

그래서 말 위에 잘 앉아 있는 게 중요합니다. 앉은 자리는 말과의 접촉면이 되며 모든 움직임과 행동을 같이할 수 있는 출발점이기 때문입니다. 전문용어로 기좌법이라고 하는데 마장마술이나 장애물 등 종목에 따라 안장도 다르고 이에 앉는 방식과 팔·손·다리·발의 위치도 상대적으로 조금씩 달라지기는 합니다. 여기서는 기본자세, 그중에도 상체를 중심으로 살펴보겠습니다.

첫째, 귀·어깨·골반·발뒤꿈치가 일직선을 이루는 것을 기준으로 합니다. 물론 가만히 있을 때는 쉽지만 말이 움직이기 시작하면 엉망이 됩니다. 그래도 머릿속으로 상상하면서 자세를 유지합니다.

둘째, 어깨를 딱 펴고 허리를 곧게 세워 줘야 하는데 복근이 발달해 있으면 상체를 전체적으로 지탱하기 쉽습니다. 전문가들은 '자신을 장군이라 생각하라.'라고 합니다. 꾸부정한 자세로 전장에 나가는 장군을 부하들이 잘 따를 리 없겠지요.

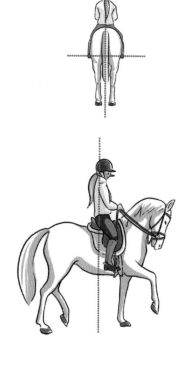

99

셋째, 안장 앞으로 최대한 바짝 앉습니다. 타다 보면 자꾸 뒤로 가게 되는데 그럼 나중에 꾸부정한 자세가 되기 쉽습니다.

넷째, 시선은 항상 멀리에 둡니다. 멀리 보면 주변을 파악하기가 쉽습니다. 운전 초보자들은 바로 앞만 보지만 경력이 늘수록 후방과 좌우 거울을 보고 수시로 상황을 살피면서 안전 운전을 하게 됩니다.

다섯째, 고삐를 쥔 주먹의 위치는 배꼽에서 20㎝ 정도 간격을 유지하되 말머리의 움직임에 따라 리드미컬하게 반응하는 정도면 좋을 듯합니다. 모범적인 위치만 고집하다가는 머리를 못 움직이게 된 말이 화를 낼 수 있으니 주의해야 합니다.

여섯째, 무릎은 안장에 가볍게 밀착하고 발뒤꿈치는 수평 또는 그보다 조금 낮아야 합니다. 발뒤꿈치를 내리는 것은 중요한 부분인 만큼 뒤에 다시 설명하겠습니다.

말 위에서 잘 지내기 〈하〉

마술의 품격… 하체 힘이 만든다

허벅지, 균형 유지 역할… 말 리듬 맞춘 강약 조절 필요

종아리는 일정한 자극으로 추진 · 정지 · 방향 지시해야

발은 배에 닿지 않게 하고 뒤꿈치 낮춰야 균형유지 도움

제4부 허세를 위한 승마교실

하체는 기승자의 자세 유지에 매우 중요한 역할을 합니다. 다리는 특히 말의 몸체와 직접 닿아 있어 커뮤니케이션을 하는 부조 역할뿐 아니라 안정적으로 균형을 잡아 주는 기능도 합니다. 예를 들어 양쪽 다리의 힘이 균등하지 못하면 말이 똑바로 앞으로 나가지 못하고 다리 힘이 부족한 쪽으로 따라가고는 합니다. 이런 원리를 역으로 이용해 말의 방향성을 조정하고 마체를 휘게 해 운동 효과를 높일 수도 있습니다. 하지만 여기서는 기승자의 의도와 다르게 말의 몸통이 휘어진다면 다리에 균등한 힘을 주지 못해 잘못된 신호를 줬기 때문이라는 사실을 강조하고 싶습니다. 말을 얼마나 기승자의 의도대로 행동하게 하느냐가 마술(馬術)의 가장 중요한 핵심이니까요.

허벅지, 균형 유지 역할… 말 리듬 맞춘 강약 조절 필요

신체에서 근육량이 많은 허벅지는 상체를 안장에 고정해 주는 중심 역할을 합니다. 만약 허벅지가 뜨거나 힘이 부족하다면 기승자는 말의 반동으로 튕겨 나갈 겁니다. 그렇다고 항상 허벅지에 힘을 주고 있을 순 없지요. 힘만으로 탄다면 힘센 장사가 말을 제일 잘 타겠지만 그렇지 않답니다. 기승자는 요령껏 말의 리듬에 맞춰 강약조절을 해서 잘 타야 합니다. 리듬을 타지 못하면 허벅다리에 쥐가 나거나 말의 움직임을 방해할 수 있습니다. 말의 리듬에 따라 몸을 잘 적응시켜 타는 사람이 고수입니다.

종아리는 일정한 자극으로 추진·정지·방향 지시해야

다음은 종아리를 보겠습니다. 종아리는 말이 앞으로 나아가게 하거나 말의 몸을 휘게 만드는 데 큰 기능을 합니다. 보통 좌우 종아리의 균형을 유지하고 균등하게 말의 아랫배를 눌러 주면 앞으로 직진하는 게 기본입니다. 나중에는 양쪽 종아리 힘의 조절이나 자극 빈도를 통해 마체를 휘게 함으로써 원 운동이나 8자 운동에 활용하게 되지요. 교관으로부터 다리를 쓰라는 말을 많이 듣게 되는데 다리를 사용해 말을 추진하거나 멈추게 할 때 일정한 강도와 빈도로 자극을 주라는 의미라고 할 수 있습니다. 이때 가장 많이 사용하는 근육이 종아리 안쪽의 넓적한 근육입니다. 종아리가 닿는 말의 복부는 직접 말에 명령할 수 있는 부위로 자극에 민감합니다. 고수가 되려면 종아리를 자유자재로 쓸 줄 알아야 하겠지요. 고수일수록 박차보다는 종아리로 말과 교신을 합니다.

발은 배에 닿지 않게 하고 뒤꿈치 낮춰야 균형 유지에 도움

끝으로 발입니다. 발은 등자(D자형 발 디딤쇠)와 연결돼 말에 간혹 강한 명령을 줄 수 있게 박차(부츠 뒤에 부착한 쇠로 만든 도구)를 착용하는 부위입니다. 그래서 자세를 잘못 잡으면 의도하지 않게 박차로 말을 자극할 수 있으니 조심해야 합니다. 발뒤꿈치가 말의 배를 긁는 일을 방지하기 위해서는 위에서 내려다봤을 때 기승자의 발이 '11'자가 되게 만드는 게 좋습니다. 앞에서 봤을 때는 아래쪽 다리가 벌어져 있지 않도록 해야 훨씬 보기도 좋고 효율적인 자세가 됩니다. 다소 불편하더라도 발뒤꿈치는 발가락보다 낮추는 것이 균형을 위해 바람직합니다. 기술과 상황에 따라 자세와 위치가 바뀔 수는 있겠으나 이 자세를 유념해야 합니다. 이를 위해서는 몸에 힘을 빼고 등자는 발가락이 걸치게끔 밟아야 하며 발을 가볍게 올려놓아야 합니다. 강한 힘으로 밟으면 진동으로 기승자의 균형이 흐트러질 것입니다. 쉽지 않지만 자세의 다양한 부분을 익혀 가는 데 승마의 진정한 매력이 숨어 있는 것일지도 모릅니다.

'장애물' 도전해 볼까요?

장애물… 여러분이 다양한 기술을 익혔다면 폴짝 한번 장애물을 넘고 싶을 것입니다. 하지만 이 단계에 들어가기 앞서 자신의 실력에 대한 믿음이 필요합니다. 경력이 쌓였다고 가정하고 상체는 긴장된 모습이 없어야 하고 안정된 기좌, 즉 안장에 차악 달라붙어 다리로 추진이나 제어를 잘해야 합니다. 이런 기본자세는 장애물 점프(Jump) 전 일반적인 궤적으로 진입하기 전에 적용되는 기본자세입니다. 이런 기본자세를 유지하면서 일정한 속도로 아니면 평소보다 활발한 속도로 장애물에 대한 말의 반응을 살펴가며 뛰기 위한 준비를 해야 합니다. 승마에서 기본은 아무리 강조해도 지나치지 않습니다.

하지만 장애물 앞까지 진입을 잘했더라도 앞에 있는 장애물을 넘어야 하는데 어떻게 하면 말에게 부담을 덜어 줄까요? 나의 무거운 엉덩이로 말이 점프하려고 하는데 가만히 앉아 있으면 말이 몸을 쉽게 날리지 못할 겁니다. 만약 억지로라도 뛴다면 말의 등이나 허리는 큰 무리가 될 것입니다. 그래서 엉덩이를 약간 들어 주는 전경자세를 취합니다.

여기서 잠깐 전경자세는 기울기에 따라 용어가 달라지기도 하지만 복잡하므로 여러분은 장애물의 높이나 거리에 따라 몸의 기울기가 달라진다는 것만 주의하시기 바랍니다. 사실 움직이는 말 위에서 전경자세를 하기엔 힘이 드는 부분이 많습니다. 왜냐하면 말의 반동을 양다리로 받아야 하기 때문입니다. 온몸으로 받아도 덜렁거리는데 앙상한 두 다리로만 지탱하려면 더욱 균형 잡기가 어려울 수 있습니다. 그래서 양다리의 힘을 탄력적으로 빼야 합니다.

보통 스키에선 작은 눈 언덕 같은 모굴(Mogul)을 넘을 때 모굴 턴이라고 하는데 굴곡을 무릎으로 충격 흡수해 몸이 튕겨 나가는 것을 막아 줍니다. 똑같은 원리로 말 위에선 반동이 있을 때마다 무릎으로 충격을 스프링처럼 받아 줘 상체는 위아래로 흔들리지 않게 하는 것이 요령입니다. 무릎이 자동차의 쇼바라고 할까요? 그래서 대부분 장애물을 할 때는 평소 등자 길이를 5㎝~10㎝(평소 등자구멍의 2~3칸 줄여 놓는데) 줄여 타면 엉덩이를 들기에 훨씬 편합니다. 너무 길면 장애물을 넘을 때 엉덩이를 들어도 안장이 엉덩이를 칠 가능성이 있기 때문입니다.

장애물을 넘기 위한 준비운동

장애물을 하기에 앞서 내가 타고 있는 말이 장애물에 잘 적응할 수 있는 말인지 테스트 해 보아야 합니다. 예를 들어 횡목(가로로 놓인 긴 나무)을 놓고 접근하는데 만약 피한다면 지속적인 훈련으로 외면하지 않고 건너게 해야 합니다. 만약 잘 넘는다면 우선 성공입니다. "우쭈쭈" 하고 칭찬을 통해 잘했다는 것을 확실히 인식시켜야 할 필요도 있습니다. 만약 하나를 성공했다면 횡목을 하나 더 놓고 2개 연속으로 넘어 봅니다.

처음엔 평보로 그 이후엔 속보로 직진하면서 말의 리듬감과 자신감을 가지고 넘어 봅니다. 이때 서두르지 말고 균등한 리듬, 특히 발걸음과 기승자의 움직임이 일정해야 해야 합니다. 평보로 넘을 땔 제외한 모든 과정이 엉덩이를 살짝 들든가 횡목을 넘을 때 엉덩이를 살짝 들어 주는 자세이면 말 허리가 덜 아프겠죠? 단 고삐가 너무 길어 출렁거리면 말의 신속한 컨트롤이 힘들 수 있습니다.

이젠 구보도 해 보고 횡목에 가까이 갈 때 고삐를 꼭 쥐어 보기도 하고 살짝 풀어 보기도 합니다. 이에 따라 훈련이 잘된 말은 말이 수축하면서 보폭이 줄거나 아니면 말이 신장이 이완되면서 보폭이 늘어 갈 수도 있습니다. 말이 통과하려는 추진력이 필요하고 기승자의 리듬감과 장애물을 넘을 시의 균형이 중요합니다. 보통 6개 이하로 장애물을 놓는데 이유는 말의 부담감을 줄이기 위해서입니다.

승마의 기본은 말을 절대 무리시키는 게 아닙니다. 횡목 간 간격은 평보는 110~120㎝, 속보는 130~150㎝, 구보는 300~350㎝인데 말의 발걸음에 따라 유동적으로 변합니다. 한번 넘어 보고 조절을 하죠. 그리고 자가 없기 때문에 선수들은 발로 걸으면서 재곤 하는데 많이 하다 보면 눈대중으로 말 걸음을 파악하고 그에 맞게 횡목 사이의 거리를 잴 수 있습니다. 물론 전문가들이죠. 여러 개 횡목을 통과할 때는 말이 흥분하지 않고 긴장을 푼 전경자세를 유지하면서 통과합니다. 만약 중간에 삐치거나 속도가 빨라지면 첨으로 돌아가서 평보부터 다시 시작합니다. 갈 길이 멀죠? 이게 승마의 묘미입니다.

여기서 잠깐 간혹 말머리를 처박고 가는 말도 있는데 이럴 경우 머리를 살짝 들어 너무 아래로 향하지 않도록 균형을 잡도록 합니다. 기승자는 경속보를 통해 말 등이 편안하게 움직이도록 합니다. 이런 운동은 뒷다리 쪽 근육을 발달시키는 이점이 있습니다.

장애물을 넘기 위한 과정

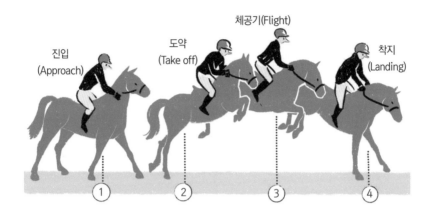

장애물을 안전하게 넘기 위해선 얼마나 정확하게 하나하나 장애물을 빈틈없이 뛰느냐에 달린 것 같습니다. 전체 과정을 머릿속에 익혀 두고 있으면 실수를 줄일 수 있고 진정한 승마의 재미를 느낄 수 있을 것입니다. 그럼 하나하나 알아볼까요?

우선 장애물에 진입하기 위해서는 말을 최대한 활발히 만들어야 합니다. 왜냐구요? "나 뛸 거니까 너도 준비해."라고 말해 주는 것입니다. 말이 아니라 몸으로요. 장애물에 접근하는 내내 기승자는 균형은 물론이며 어느 돌발 상황에도 대처할 수 있는 준비를 할 수 있어야 합니다. 보통 진입 (Approach)이라고 표현하는데 장애물에 진입하기 위해서는 기승자는 말과 한몸이 되어야 합니다. 왜냐고요? 따로 논다면 뛸 때도 착지할 때도 따로 분리(?)되어 떨어질 것입니다.

이를 위해 기승자는 고삐를 탱탱하게 잘 잡고 말의 속도나 리듬을 잘 유지해야 하는데 여기에서 말하는 속도는 말이 장애물에 진입하기 좋은 속도를 말합니다. 너무 느려서 말이 다른 생각(장애물 앞에서 멈추려는 생각)을 하는 과정을 피하는 것이고 말이 장애물에 접근하는데 일정한 리듬으로와서 편안하게 점프를 할 수 있게 해야 합니다. 만약 이를 유지하지 못하면 말이 장애물을 보고 허둥대거나 장애물이 무서워서 옆으로 피할 가능성도 있습니다.

전문가들은 "장애물 뛰기 전 말을 수축하게 하여 도약(Take off) 시에 스프링처럼 뛰게 만들어야 한다고 합니다." 이를 위해선 말과의 호흡 그리고 기승자가 다리부조와 고삐부조의 조화로운 컨트롤을 동시다발적으로 활용하여 말이 수축과 이완을 자유롭게 할 수 있는 능력을 갖추어야 합니다. 그러니 기본을 충분히 연습한 후에 해야겠죠?

두 번째로 장애물까지 진입했다면 이젠 멋지게 도약해야 합니다. 말은 본능적으로 상체를 들고 무릎을 굽혀 뛰려 할 것입니다. 이때 고삐 쥔 손에 말머리가 들리는 느낌이 오는데 이 느낌을 잘 살려 엉덩이를 살짝 들어 주면 말이 편하게 도약하는 데 도움이 됩니다. 여기서 제일 중요한 건 장애물 시에는 고삐 길이가 짧은 게 중요한데 도약 시 고삐가 길면 머리가 들리면서 더욱 늘어날 것이고 그러면 말과의 탱탱한 고삐연결이 끊겨 말이 뛰려는 의지가 반감될 수 있기 때문입니다.

장애물을 넘을 때는 나와 말의 움직이는 리듬, 말 위에서 나의 밸런스와 말의 밸런스, 무사히 넘을 수 있는 추진력이라는 3박자가 맞아야 합니다. 이를 통해 말과 자신이 하나라는 생각을 해야지 기승자가 말 등에서 걸리

적거리면 도약 시 오히려 방해가 될 것입니다. 특히 초보자들은 고삐 잡은 손으로 도약 시 중심이자 무게추가 되는 말목과 머리를 자유롭게 쓰는 것을 방해하지 않아야 할 것입니다. 보통 초보자들이 무서워서 고삐를 당겨 버리는 경우가 있거든요.

세 번째로 도약을 했다면 순식간에 말은 날아갈 것(Flight)입니다. 이를 체공기라고 하는데 목과 머리가 무게추가 되어 날아갈 것입니다. 이때 내가 해야 할 일은 말의 움직임을 방해하지 않도록 엉덩이를 들고 상체를 기울이고 쭈욱 뻗은 목과 머리의 고삐 방해를 줄이기 위해 손이 움직임에 따라가 주는 것입니다. 보통 순식간에 이루어지기 때문에 초반에 잘 진입했다면 체공기에서는 큰 어려움 없이 해낼 수 있을 것입니다.

마지막으로 이젠 착지(Landing)할 차례. 착지 시 제일 중요한 것은 착지하면서 말 등에 체중을 싣지 않아 충격을 줄이는 것입니다. 특히 양쪽 앞다리가 먼저 착지하는데 이때 상체를 살짝 세워 안장 위에 살포시 앉는 것입니다. 아니면 살짝 엉덩이를 들고 쭈욱 가도 되지만 엉덩이로 앉는다면 속도를 제어하기에 훨씬 더욱 좋은 결과를 가져올 것입니다.

이제 폴짝 한번 뛸 준비가 되셨나요?

제5부

고수되기

'말 운전대' 고삐 사용법

주먹 세워서 고삐 잡아야 '말' 잘 듣는 '말' 돼요

고삐를 잡는 주먹 눕히거나 비틀면 신호 혼선…
잡는 길이에 따라 말 자유도 달라져

팽팽하게 잡은 상태서 컨트롤해야

보조기구 사용 땐 약간 길게 잡고 초보자는 마르팅게일로 시작

익숙해지면 드로 레인 사용해 보는 것도 좋은 경험

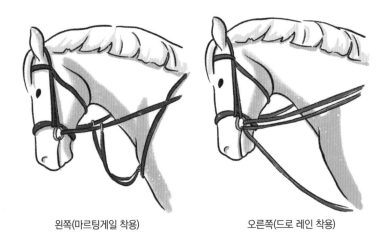

왼쪽(마르팅게일 착용)   오른쪽(드로 레인 착용)

보조도구인 드로 레인(오른쪽)을 함께 사용할 경우에는 고삐보다 약간 길게 잡아야 한다.
상급자들이 선호하는 드로 레인(오른쪽)은 말의 입에 직접 자극이 가해지므로 마르팅게일(왼쪽)에 비
해 작은 힘으로 컨트롤할 수 있지만 세밀하게 제어하도록 주의해야 한다.

새벽에 한 동호인께서 다가오십니다. 고삐와 드로 레인(Draw-rein)을 처음으로 같이 쓰려고 하는데 어떻게 해야 하는지 물어보십니다.

드로 레인은 처음 들어 보시죠. 이것은 말을 굴요시키거나 말의 머리를 인위적으로 잡기 위한 보조도구입니다. 이 질문에 대한 설명을 말로 하기가 참 힘듭니다. 말마다 고삐에 연결된 재갈에 반응하는 정도가 달라 어느 정도 길이로 잡아야 한다고 콕 집어 말하기 어렵기 때문입니다. 여기서는 많은 전문가들이 사용하는 기본방법과 원리를 설명하려고 합니다.

고삐는 자동차의 운전대와 비슷합니다. 첨단 자동차의 운전대보다도 훨씬 더 기능이 많습니다. 고삐를 짧게 잡느냐 길게 잡느냐에 따라 말에게 긴장이나 자유를 줄 수도 있습니다. 고삐를 팽팽하게 잡은 상태에서 한쪽 고삐를 말의 몸 쪽에 대고 있어 말이 그쪽으로 가지 못하게 할 수도 있지요. 민감한 말은 가는 도중에 주먹으로 고삐를 꼬옥 쥐는 것만으로도 멈추게 할 수 있답니다. 이외에도 다리와 체중 등 여러 가지 부조(명령 수단)와 함께 사용하면 더욱 무궁무진한 기능을 하는 게 고삐입니다.

이런 고삐의 첨단기능을 최적화하려면 제대로 잡아야 합니다. 손으로 잘못 잡기라도 하면 말의 입을 쓸데없는 힘으로 자극할 수 있으니 주의해야 합니다. 통상 고삐를 잡는 방법은 주먹을 세우고 팽팽하게 잡는 게 기본입니다.

고삐(마디가 있는 갈색 끈)를 쥘 때는 주먹이 세로 형태가
되도록 해야 자세가 안정되고 말에게 보내는
신호의 혼선도 최소화된다. 보조도구인 드로 레인(검은색 끈)을
함께 사용할 경우에는 고삐보다 약간 길게 잡아야 한다.

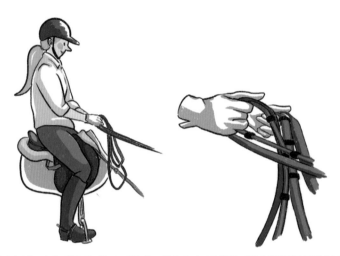

고삐(마디가 있는 갈색 끈)를 쥘 때는 주먹이 세로 형태가 되도록 해야 자세가 안정되고 말에게 보내는
신호의 혼선도 최소화된다.

주먹을 눕히거나 비틀어 고삐를 쥐다 보면 기승자나 말에게 나쁜 습관이
생길 수 있습니다. 그래서 기본이 항상 중요합니다.

보통 초보자들이 타는 말들은 드로 레인보다 마르팅게일을 착용하게 합
니다. 마르팅게일(Martingale)은 말이 머리를 갑자기 드는 상황을 막기 위
한 보조도구입니다. 이를 사용하면 머리를 어느 정도 쉽게 컨트롤할 수 있

습니다. 그러나 기승자의 경력이 늘어날수록 적은 힘으로 더 강한 컨트롤을 하기 위해 드로 레인을 사용하는 경우가 있습니다. 더 강한 컨트롤이라면 더 작은 힘으로 말에게 강한 고통을 줄 수 있다는 뜻입니다. 그래서 드로 레인을 잘못 사용하다가 말이 뒤집어져 큰 사고가 나는 일도 있으니 조심해야 합니다.

경험상 고삐를 짧게 잡고 드로 레인을 고삐보다 3㎝ 정도 늘려 잡으면 더욱 섬세한 컨트롤이 가능합니다. 주먹의 강도에 대해 어느 정도 몸으로 이해한 단계라면 고삐는 짧게 잡고 드로 레인은 신중을 기해 고삐보다 살짝 길게 잡도록 합니다.

좀 더 깊이 들어가면 드로 레인 같은 보조도구나 재갈의 종류에 따라 고삐 쥐는 법이 복잡해질 수 있습니다. 사실 고삐를 그냥 잡기도 어려운데 드로 레인처럼 보조도구를 사용하면 손 모양이 달라질뿐더러 보조도구 하나에 따라 다양한 부조를 줄 수 있기에 손의 움직임을 신중히 해야 합니다. 요컨대 보조도구를 하면 할수록 말에게 약한 힘으로도 큰 효과를 낼 수 있기에 잘 사용해야 하고 특히 손의 강약조절이나 위치에 신경을 써야 합니다.

보통 고삐를 쥐는 방법은 주먹을 세우는 것입니다. 그런데 만약 여기서 드로 레인을 고삐와 함께 잡아야 한다면 무조건 쥐고 있는 고삐보다 길게 잡아야 합니다. 보통 전문가들은 고삐와 드로 레인 사이에 새끼손가락을 넣어 쥐는 방법을 선호합니다. 주먹을 세우는 이유는 주먹을 눕히는 것보다 양 팔꿈치를 허리에 붙이기 쉬워 훨씬 보기 좋은 자세를 만들 수 있기 때문입니다. 또 이런 자세는 기승자가 불필요한 동작을 덜 하게 돼 순간순간

손의 움직임에 의해 말에게 또 다른 무의식적인 명령을 줄 가능성을 낮춰 줍니다. 손을 눕히거나 뒤집거나 한다면 기승자는 훨씬 편할 수가 있지만 고삐가 뒤틀리기 쉬워 연결된 재갈을 자극할 수 있고 양팔이 벌어져 엉성한 자세가 됩니다.

이젠 조심조심 운전을 해 볼까요. 고삐가 주가 돼야지 드로 레인이 주가 되면 절대로 안 됩니다. 특히 말목의 움직임을 방해해서는 안 되는데 만약 잘만 사용한다면 '승마감'이 트럭에서 스포츠카로 변화할 것입니다.

마장 밖으로 외승 즐기기

비탈길에선 상체, 경사면과 맞춰 줘야 말 움직임 편해

산길 · 해변 등 외승코스 늘어 자연과 하나 되는 기분 만끽

돌발변수 생길 수 있어 주의를

생소한 환경에 말 놀라면 다리로 몸통 감싸 안정시켜야

비탈길에서는 상체를 경사면에 맞춰 기울여 준다고 생각하면 도움

얼마 전 지인이 강원도 평창의 산과 전남 신안 임자도 해변에서 말을 탔다며 소셜 네트워크서비스(SNS)로 멋진 사진을 보내 왔습니다. 요즘 지역 특색에 맞는 외승(外乘) 코스를 개발하고 이를 관광자원화하는 분위기는 승마의 다양한 진화를 보여 주는 희소식입니다. 말을 타고 산길을 조용히 걷거나 개울을 건너거나 해변을 멋지게 달려 보는 기회를 갖는다면 자연과 하나가 되는 기분을 느낄 수 있을 겁니다.

하지만 정돈이 잘된 마장을 벗어날 때는 몇 가지 요령과 주의 사항이 있습니다. 마장 밖에서 타는 외승을 하다 보면 평지도 있지만 오르막도 있고 내리막도 있습니다. 또한 모래밭이 아닌 아스팔트길도 있고 간혹 예측하지 못한 상황이 발생할 수 있어 마장에서보다 더 많은 주의가 필요합니다.

① 오르막에서는 몸을 앞으로 기울이고 ② 내려갈 때는 뒤로 젖히면서 균형을 유지해야 한다. 기울기와 관계없이 허리는 펴고 상황에 따라 유연하게 자세를 유지하면 말과 기승자 모두 편한 자세를 유지할 수 있다.

일단 마장에서 벗어나면 딱딱한 아스팔트길을 만나게 됩니다. 초보자에게는 부담으로 작용합니다. 대부분 쇠로 된 편자가 아스팔트 바닥에 부딪히는 소리 때문입니다. 약간 긴장을 하는 게 좋습니다. 돌발 상황에 말이 놀라면 큰 사고로 이어질 수 있기 때문입니다. 그러나 소리 때문에 어색할지라도 전문가들은 아스팔트를 일부러 걷게 하기도 하는데 이는 말의 관절에 좋은 영향을 미칠 수 있기 때문이라고 합니다. 그래서 마무리 운동으로 아스팔트길을 몇 번씩 평보로 거닐며 몸을 풀어 주기도 합니다.

언덕이나 산에서의 외승은 기승자뿐 아니라 말의 스트레스를 풀어 주고 다양한 환경에 적응시키는 훈련 방법으로 활용됩니다. 비탈길을 오르며 말이 주변을 자연스럽게 보게 합니다. 말도 생소하기 때문에 이리저리 목을 빼 주변에 관심을 기울입니다. 간혹 처음 보는 새로운 것에 움찔하기도 하지만 그때마다 기승자가 말을 진정시켜 주면 됩니다. 덩달아 놀라거나 과도한 동작을 취하면 위험할 수 있습니다. 특히, 고삐를 당겨서 말을 흥분시키거나 자극하면 안 됩니다. 다리로는 말의 몸을 감싸 안정적으로 가게 합니다. 다람쥐의 바스락거림이나 푹 꺼진 땅 등 다양한 변수들을 고려해야 합니다.

비탈길을 오르기 시작하면 초보자들은 당황하게 됩니다. 오르막 경사에 의해 말의 뒤통수가 갑자기 눈앞에 나타납니다. 이때는 체중을 말의 목 쪽으로 기울여 말이 올라가는 방향으로 무게 중심이 쏠리도록 해 줍니다. 말의 앞쪽이 올라갔다고 해서 같이 뒤로 누워 버리는 게 아니라 몸을 경사면과 맞춘다고 생각하는 겁니다. 안장 뒤로 미끄러져 고삐에 매달리는 일이 생기지 않도록 최대한 안장 앞으로 깊숙이 앉아야 합니다.

반대로 내려갈 때는 앞의 말 뒤통수가 보이지 않을 겁니다. 이럴 땐 같이 상체를 숙이는 게 아니라 뒤로 살짝 제쳐서 기울기에 맞춰야 말이 편하게 움직일 수 있습니다. 오르막에서는 등자에 너무 많은 체중을 실으면 안 되지만 내리막길에서는 기승자의 체중이 등자에 실려야 말이 편합니다. 등자에 몸을 싣고 내리막의 기울기만큼 상체를 뒤로 젖혀 줍니다. 아울러 뒤로 젖혀지면서 무의식적으로 고삐를 잡아당기지 않도록 주의합니다.

시크릿(secret) 승마노트

예쁜 원 그리며 걷기

하얀 눈 위에 새겨진 발자국… 둥글수록 말과 하나 된 흔적

어깨 한쪽으로 쏠려 있으면 원 찌그러져

고개 진행방향으로 돌려 궤적 바라보고

양쪽 고삐 · 다리 동시 사용하는 게 포인트

승마 입문 시절 원형 마장에서 원을 그리며 배우게 됩니다. 왜 앞으로 직진하지 않고 원을 돌라고 하는 건지 궁금했을 겁니다. 왜냐하면 말의 원운동은 기본운동으로 앞으로 말의 찌뿌둥한 몸을 풀어 주거나 다양한 운동을 할 때 유용합니다. 일직선으로 가는 것보다 몸에 자연스러운 굴곡을 만들어 줘 스트레칭 효과를 기대할 수 있습니다. 사실 말은 몸 구조상 직진보다 원운동이 유리해 정확한 직진운동은 정말 어려운 기술에 속합니다.

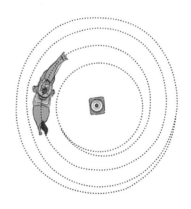

사실 저도 평소에 앞으로 걸어가기만 해서 원보단 직진이 이해가 쉽습니다. 하지만 앞으론 4발 달린 말은 원운동이 더 익숙하구나 하고 이해하시면 다양한 기술을 익히는 데 도움이 될 것입니다.

원운동을 정확히 하는 데는 다양한 신호가 동원됩니다. 특히 예쁜 원을 만들기 위해서는 다양한 기술이 필요하며 실수하기가 쉽습니다. 예를 들어 왼쪽 원운동을 할 경우 초보자들은 대부분 어깨가 한쪽으로 쏠려 있거나 원심력을 이기지 못하고 안장 중심에서 왼쪽으로 밀려나 앉거나 왼쪽 고삐에 힘을 주게 되는데 이러면 원이 찌그러집니다. 기승자는 상체를 잘 세우고 한쪽으로 심하게 기울어지지 않게 몸의 균형을 잘 잡도록 노력해야 합니다. 도는 방향의 안쪽 다리로는 계속해서 추진을 줘, 말이 자연스레 돌게 합니다. 예쁜 원을 만드는 방법을 구체적으로 살펴보겠습니다.

우선 시선입니다. 직진 때는 정면을 보고 가지만 원 그리기에서는 고개를 살짝 돌려 말이 갈 곳(보통 1~2m 앞쪽)을 미리 쳐다봅니다. 시선을 미리 이동하면 자연스러운 원을 그리는 데 도움이 됩니다. 시선 처리는 무게 중심 이동과 관련돼 있어서 앞쪽 궤적을 미리 봄으로써 말도 다음 동작을 준비할 수 있기 때문입니다.

원운동에서 고삐와 다리는 매우 중요합니다. 올바른 원 궤도에 머물 수 있도록 양쪽 고삐를 모두 사용하는 게 포인트입니다. 한쪽만 사용하면 한쪽으로 밀려 나가 원이 터지거나 안쪽으로 들어와 원이 찌그러지기 쉽습니다. 양쪽 다리 역시 동시에 사용해야 합니다. 기승자의 바깥쪽 다리로는 말의 몸 뒷부분이 바깥쪽으로 밀려 나가는 것을 막아 주고 안쪽 다리는 안장 옆 배에 딱 붙여 지속적으로 추진을 줍니다. 양손으로는 균형을 잡도록 해야 합니다. 말의 몸이 빠져나가려고 할 때는 바깥쪽 고삐로 말의 목덜미에 지긋이 대 줘서 바깥쪽으로 가지 못하게 해 줍니다.

　실력을 향상시키는 좋은 방법은 지름 10m, 20m로 다양한 크기의 원을 그리려고 노력하는 겁니다. 만일 나중에 대회에 나가거나 관련 자격시험을 치를 때도 도움이 된답니다. 가로 60m, 세로 20m의 마장마술 연습장에서 하면 더 좋습니다. 폭 20m를 기준으로 나누면 지름 10m, 20m의 원을 그리기 쉽겠지요. 먼저 마음속으로 원 궤도를 그리고 구간별 포인트나 기준을 정한 뒤 그 라인을 따라 끝까지 일정한 원을 계속 그려내는 것을 목표로 합니다. 막상 해 보면 원이 자꾸 찌그러질 겁니다. 양쪽 다리의 힘이 불균등하기도 하고 원의 마무리 지점에서 자꾸 자세가 흐트러지기 때문입니다. 다시 강조하자면 가야 할 앞쪽을 보면서 다음 동작과 궤도를 상상하기 바랍니다. 큰 원에서 작은 원으로, 또 반대로 작은 원에서 큰 원으로 만들어 가는 훈련도 좋습니다. 덧붙여 경험상 고삐의 강하지 않은 팽팽함을 유지할수록 원운동에 더 유리합니다.

8자 운동

가려는 쪽으로 시선… 여유 두고 말에 회전 신호 줘야

맞붙은 두 개의 원 그리기… 좌우 밸런스 향상에 좋아

궤적 머릿속으로 미리 그려 교차점서 감속 → 직진 → 회전

8자 운동의 중요한 포인트는 교차점을 앞두고 3~5걸음 직진을
유도해 말이 방향 전환에 대해 인식할 여유를 주는 것

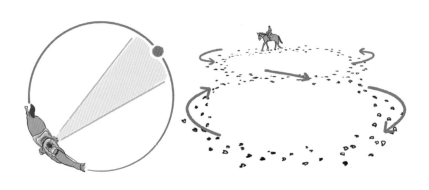

원 운동이 어느 정도 익숙해졌다면 8자 그리기에 도전할 차례입니다. 원
그리기의 연속이라고 생각하면 되는데 8자 운동은 두 원의 교차점에서 말

의 몸이 휘는 방향이 바뀌기 때문에 말의 신체를 골고루 운동시키고 기승자의 좌우 밸런스 향상에 매우 좋답니다.

우선 느리게 걷는 평보로 8자를 그려 봅니다. 처음엔 크게 크게 도는 게 좋습니다. 가장 중요한 점은 궤적 전체를 마음속으로 미리 그리며 회전의 각도를 일정하게 유지하는 겁니다. 원 운동처럼 진행 방향을 미리 쳐다봄으로써 회전 각도를 일정하게 유지하는 게 요령이죠. 정확한 8자를 그리기는 쉽지 않습니다. 두 원의 교차점에서 원의 방향이 바뀌기 때문에 말 걸음이 살짝 바뀌고 기승자의 왼발과 오른발 힘이 다르다는 점 등이 이유입니다. 원을 정확히 그리겠다는 욕심에서 교차점에 도달하기 전에 너무 원 안쪽으로 들어와 중립 타이밍을 놓치는 경우가 많고 한 번 타이밍을 놓치면 다음에 방향을 바꿔 원을 만들려고 해도 원은 찌그러지고 맙니다.

이제 속보로 8자를 그려 볼까요. 앞서 속보에는 안장에 지그시 앉아서 타는 좌속보와 말의 반동에 맞춰 엉덩이를 들어 주는 경속보가 있다고 설명했습니다. 8자 그리기를 할 때도 마찬가지인데 경속보의 경우 교차점에서 방향이 바뀌기 때문에 기승자는 한 박자 쉬고 엉덩이를 들어 줘 박자를 맞춰 줘야 합니다.

속도가 더 빠른 구보가 가장 어렵습니다. 두 원의 접점에서 말의 몸을 중립으로 만들고 방향을 바꿔 다시 출발하는 동작을 순간적으로 해야 하기 때문이죠. 전문가들은 교차점에서 발을 바꿔 걷는 '답보변환'이라는 기술을 이용합니다. 이는 기승자나 말에게 모두 고급 기술이기 때문에 보통 '심플 체인지' 기술을 씁니다. 교차점에서 속도를 줄여 평보로 3~5걸음 정도 가고 방향을 바꾼 뒤 다시 구보로 가는 방법입니다. 접점이 다가오면 양쪽 고삐에 균등한 힘을 줘서 중립 상태로 만듭니다. 이렇게 세 걸음 정도 직선으로 가다가 반대쪽으로 몸이 휘어지도록 신호를 주는 겁니다. 교차점에서 중립으로 가는 것은 방향 전환 타이밍을 맞추기 쉽게 하고 여유 없이 방향을 전환했다가 말이 허둥대거나 다리에 무리가 생기는 일을 막기 위함입니다.

　전문가들은 방향을 바꾸기 전에 여유 있게 예비 동작으로 말에게 알려 줘야 한다고 조언합니다. 예를 들어 기승자가 가려는 방향을 결정한 뒤 시선 처리를 하고 고삐를 가고자 하는 방향으로 살짝 당기면서 말의 몸을 부드럽게 회전하도록 만드는 것입니다. 회전 방향이 바뀌는 8자 운동에서는 기승자의 시선 처리, 양쪽 균형, 손과 다리의 조화가 중요합니다. 다시 강조하지만 8자 운동은 쉽지 않습니다. 기승자도, 말도 오른쪽과 왼쪽 손발을 주로 쓰는 차이가 있고 서로의 체형도 다르다는 점은 더욱 많은 변수를 만듭니다. 기승자 스스로 중간점을 찾는 고민으로 해결해 나가야 하는 부분입니다.

꼬불꼬불 S자 만들기

하나 둘 셋… 발걸음 세며 균일하게 턴~

방향전환 구간 8자 운동보다 짧아 말 다리 엉키지 않게 직진 후 회전

익숙해지면 S 궤적 좁혀 가며 연습

변곡점에 이르기 전 잠시 직진(직선 표시 부분)을 한 뒤
방향을 바꿔 걷도록 한다.

보다 자유롭게 마장을 누비기 위해 이번에는 반원의 연속인 S자 만들기를 해 볼까요? S자 만들기는 스키의 회전과 비슷해 보입니다. 말을 타고 균등한 크기로 S자 그리기를 연습하면 말과 기승자 모두에게 참 좋답니다. 전문용어로는 3만곡(3번의 굴곡을 만드는 기술)·4만곡(4번의 굴곡을 만드는 기술)이라고 합니다.

S자 만들기 역시 8자 운동처럼 문제가 되는 것은 방향 바꾸기입니다. 느린 평보에서는 자신이 생각하는 궤적을 그리는 게 다소 수월하지만 속도가 빨라지고 반동이 커지는 속보에서는 쉽지 않답니다. 반원을 그리고 어느 정도 직진하다가 다시 다른 방향으로 반원을 그릴 때 기승자는 자신의 중심을 점검하고 갑자기 늘어날 수 있는 고삐를 순발력 있게 정리해야 합니다. 또 머릿속으로는 앞으로의 궤적을 생각하면서 반원을 계속 같은 크기로 연결해 가야 합니다. 우선 자신이 그릴 수 있는 큰 S자를 천천히 그려 봅니다. 처음에는 그리려는 궤적도 찌그러지고 정확한 타이밍에 정확한 곡선을 그려 내기 어렵다는 것을 알게 될 겁니다. 하지만 연습을 할수록 '이 정도 가다가 턴을 하면 되겠지.' 하는 자신만의 기준이 생길 겁니다. 스키에서는 균등한 턴을 만들기 위해 마음속으로 숫자를 세며 일정한 타이밍에 방향을 바꿉니다. 승마에서도 말의 발걸음을 일정하게 유지하면서 속으로 숫자를 센 후 방향을 바꾸면 균등한 S자 그리기가 가능하겠지요.

S자의 가운데인 변곡점 부분에서 방향을 바꿔야 합니다. 하지만 생각보다 구간이 짧아 어느 순간에 바꿔야 할지 헷갈립니다. 그래서 보통 반원의 중간쯤에서 바꿀 지점을 미리 생각해야 합니다. 경험으로 볼 때 돌아야 할 구간이 어느 정도 다가오면 미리 고삐를 꽉 쥐고 말에게 먼저 인식을 시키는 게 좋습니다. 말은 예민해서 고삐를 꽉 쥐는 것만으로도 "이제 곧 반대

방향으로 갈 거야."라고 알아듣습니다.

　방향을 바꿀 때는 구보인 경우 8자 운동에서처럼 발을 바꿔 걷는 답보변환이나 잠시 직선으로 걷다 방향을 전환하는 심플 체인지 기술을 써야겠지요. 여기서도 좀 더 쉬운 심플 체인지를 권합니다. 조급해하지 말고 말의 능력과 예비 과정을 항상 먼저 생각하면 훨씬 좋아질 겁니다.

　익숙해지면 간격을 좁혀 연습합니다. 그만큼 말이나 기승자의 여유가 줄어들고 좀 더 빠른 준비와 간결한 신호 전달이 필요하죠. 속도와 리듬이 빨라지거나 궤적이 작아진다면 기승자가 더 세밀하게 신호를 줘야 합니다. S자 그리기에서도 시선과 다리의 역할이 중요합니다. 목표한 지점에서 제때 돌기 위해서는 풋말 같은 목표를 정하고 포인트를 보며 진행하도록 합니다. 말이 사선으로 가거나 원호가 찌그러지는 것을 막으려면 양쪽 다리의 힘을 잘 조절해야 합니다.

조마삭 돌리기

긴 끈 연결 원형운동… "말, 타지 않고도 알아요"

회전방향으로 함께 돌면서

발걸음 맞춰 끈 죄고 풀어

걸음걸이 · 음성반응 등 확인

전용 채찍으로 말 때리면 안 돼

지금까지 다양한 보법이나 운동방법을 알아봤습니다. 이번에는 기승하지 않고 말을 운동시키는 방법을 알아보려고 합니다. 조마삭(調馬索)을 이용하는 겁니다. 조마삭이란 말의 재갈 부분 고정시키는 6~8m 길이의 보조용 끈을 말하는데 주로 원형 운동을 시킬 때 쓰입니다. 보통 승마장의 시쳇말로 조마삭을 돌린다고 합니다.

조마삭을 돌리는 것은 대부분 말이 오랫동안 쉬었을 때 몸을 풀어 주거나 훈련을 시키기 위해섭니다. 크게 한 줄로 하는 한 줄 조마삭, 두 줄로 하는 두 줄 조마삭이 있고 일반적으로 사용되는 한 줄 조마삭에 대해 알아보겠습니다. 사실 진정한 승마인이 되기 위해서는 조마삭을 먼저 배웁니다. 말을 다루는 일이기 때문이죠. 조마삭은 원형 운동을 통해 말이 잘 걷는지,

혹시 한쪽으로 기울어지지는 않았는지, 사람이 내는 혓소리 같은 음성 신호에 소통이 잘되는지 등을 살펴보는 데 유용합니다. 처음에는 안전을 위해 안정성이 확보된 말로 시도해야 하고 반드시 교관과 함께해야 합니다.

조마삭을 할 때는 끈을 잡은 사람이 꼭짓점이고 말 몸체가 밑변인 이등변삼각형이 되도록 유지하는 게 기본입니다. 돌리기를 시작할 때는 말을 평보로 끌어 주다가 사람이 살짝 대각선으로 비켜 나면서 원 궤적을 만듭니다. 어느 정도 원의 궤적이 그려지면 음성 신호로 추진시킵니다. 끈을 살짝 당기면 말이 속도를 줄이고 반대로 끈을 느슨하게 풀어 주면 말의 행동 반경도 넓어지고 속도 내기가 쉬워집니다. 훈련이 잘된 말은 음성 신호에도 정확하게 반응합니다. 소리 크기나 억양에 따라 평보 · 속보 · 구보 순으로 속도를 더 내고 반대로 속도를 줄입니다.

주의할 점은 말을 때려서는 안 된다는 겁니다. 조마삭에는 1m가 넘는 전용 채찍이 사용되는데 그 주 용도는 말의 추진력을 키우는 것과 말이 사람을 향해 갑자기 달려드는 것을 막는 것입니다. 훈련이 잘된 말이라면 채찍으로 말 뒷다리의 무릎이나 다리 쪽을 가리키기만 해도 속도를 내고 채찍을 내리거나 안 보이게 감추면 속도를 늦춘답니다. 이등변삼각형 공간을 만들기 위해 끈을 잡은 사람은 회전 방향으로 함께 돌면서 말 몸체의 중간을 향하면 좋습니다.

조마삭에 익숙해지는 것은 쉽지 않습니다. 말은 살아 있는 동물이고 순간적으로 달라지는 상황이 많기 때문에 늘 조심해야 합니다. 예전에 마방에 오래 갇혀 있어 스트레스를 많이 받았던 말로 조마삭을 돌렸다가 갑자기 녀석이 날뛰어 당황한 적이 있습니다. 말의 발걸음에 맞춰 조마삭 끈의 길이를 늘려 주고 또 풀어 줘야 말이 편하게 궤적을 그릴 수 있습니다.

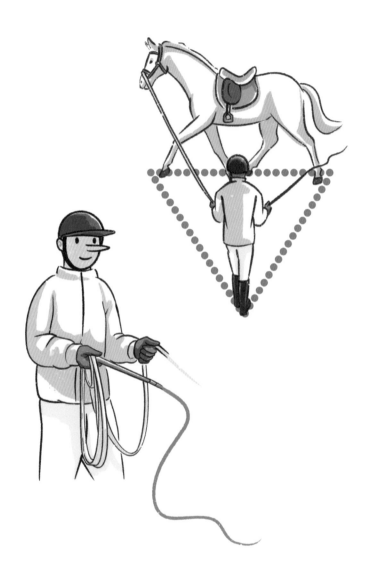

기승 프로그램 설계

1시간 내내 "달려?"… 안 되지 말입니다

달리기만 하면 말 지쳐 능률 떨어져

평보부터 시작해 서서히 속도 높여

몸 충분히 풀린 상태서 구보 시도

마무리도 평보까지 점진적 감속

단계별로 10분씩 효율 분배가 '정석'

기승 빈도 따라 프로그램 조정을

말을 타는 데는 비용과 시간의 제한이 따릅니다. 이 때문에 효율적인 시간 관리와 효과적인 기승술이 실력과 즐거움을 높여 줄 것입니다. 이에 관한 팁을 드리려고 합니다. 주어진 시간을 알차게 쓰는 방법을 보통 기승 프로그램이라고 말합니다.

일반 승마장에서 1시간 말을 탄다면 비용을 생각해서라도 구보로만 신나게 달리고 싶을 겁니다. 하지만 이러면 말이 정말 힘들어 합니다. 동기부여 없이 억지로 하라고 하면 반항을 하고 운동의 능률도 떨어집니다. 늘 강조한 대로 승마는 말과 함께 만들어 가는 운동이니까 내 마음에만 맞추려고 하면 진정한 승마의 재미를 즐기기 어렵습니다. 1시간 기승을 가정해 승마를 제대로 즐기기 위한 프로그램 구성을 소개하려 합니다.

우선 자동차의 엔진처럼 예열이 필요합니다. 승마장에서 배정받는 말은 대부분 처음일 것인 만큼 다양한 운동을 통해 서로 알아가는 시간을 가져야 합니다. 처음 타는 자동차처럼 핸들이 무거운지, 액셀러레이터나 브레이크가 어느 정도의 힘에 어떻게 반응하는지 확인하는 것과 비슷합니다. 말도 타면 먼저 고삐를 꽉 쥐어 보기도 하고 다리로 살짝 자극을 주기도 하면서 녀석의 스타일을 알아갑니다. 처음에는 느린 걸음인 평보로 10분 정도 몸을 풉니다. 말과 기승자가 서로를 파악하는 시간입니다. 평보라고 쉽게 생각하지 말고 제대로 합니다. 말이 활발하게 걸어가도록 종아리로 옆구리를 꾸욱 꾸욱 눌러 보고 자신의 몸이 말 몸통에 딱 붙을 수 있도록 양다리와 허리 · 어깨 · 손 · 목을 돌려 가며 스트레칭을 하면서 말을 온몸으로 느껴 봅니다. 평보도 제대로 10분 정도 하면 온몸에 땀이 날 겁니다.

다음 10분 동안은 경속보를 합니다. 경속보는 말의 리듬에 맞게 엉덩이를 들어 주는 보법으로 말에게 무리가 적습니다. 이미 평보로 서로의 스타일을 알았다면 서서히 시동을 걸 차례입니다. 경속보를 할 때는 좌경속보, 우경속보로 방향을 바꿔 가며 원운동을 해서 말의 몸을 좌우로 충분히 풀어 줍니다. 예쁜 원을 만들면서 돌아보면 말도 즐겁고 기승자의 기분도 좋아질 겁니다.

이제는 10분 동안 좌속보를 하며 온몸으로 말의 리듬을 느껴 봅니다. 자세를 똑바로 하고 자신의 몸이 천 가방이 됐다는 생각으로 말의 움직임에 몸을 맡깁니다. 좌속보는 기승자나 말에 가는 충격이 다소 크므로 몸을 충분히 푼 후에 해야 합니다. 직선보다 원운동이 말의 스트레칭에 좋습니다. 정확한 자세의 좌속보를 10분간 버티기는 꽤 힘들 겁니다. 그러면 잠시 경속보로 몸을 가다듬고 다시 좌속보를 하며 내 자세와 리듬을 살펴봅니다.

모든 과정이 잘됐다면 이제는 10분 동안 구보를 시도합니다. 평보 · 경속보 · 좌속보를 하면서 자신과 말의 몸이 충분히 풀린 상태에서 자세를 정확히 하고 리듬과 밸런스가 맞아 떨어져야 우아한 구보를 할 수 있겠지요. 또 고삐를 적절히 사용하면서 너무 빠르지도, 너무 느리지도 않은 우아한 '따그닥' 박자에 맞춰 세련된 기승을 하면 자신도 모르게 입가에 미소가 번집니다. 10분의 구보에도 엄청난 몰입감과 운동량을 느낄 수 있을 겁니다.

이젠 속도를 서서히 줄여 다시 경속보로 10분을 타며 자신의 몸과 엔진(말)을 서서히 식혀 줍니다. 다음엔 평보로 속도를 더 줄여 10분간 마무리 운동을 합니다. 이즈음 녀석을 충분히 믿게 됐다면 고삐를 길게 해 줘 말 머리를 편하게 해 줘도 좋습니다. 먼 산을 바라보며 말에게 주변의 꽃도 보여 줍니다.

이상은 기본 운동 프로그램입니다. 얼마나 자주 타는지, 여러 말을 타는지 등에 따라 프로그램은 달라집니다. 기본은 있되 정석은 기승자가 창의적으로 만들어 가는 것입니다.

제6부

해외 승마 기행

유럽 말산업 탐방기

승마, 프랑스 · 벨기에선 국민 스포츠

어린이 체육의 하나로 자리 잡아

전문 승마클럽 · 프로그램 다양

승마용품부터 관련 책 · DVD

일반마트 · 동네서점서 쉽게 구해

일부 마을선 승마로 친목도모도

최근 한국에 사는 외국인들의 토론 방송 프로그램에서 벨기에 출신 방송인은 어릴 적부터 옆집에 놀러 갈 때마다 말을 타서 승마에 능숙하다고 자신을 소개했습니다. 실제로 벨기에나 프랑스·독일 등은 승마가 대중화되어 있어 승마 저변이 두텁고 말산업이 발달한 나라로 평가됩니다.

얼마 전 프랑스와 벨기에를 다녀올 기회가 있었습니다. 확실히 승마 문턱이 낮다는 것을 알 수 있었습니다. 우리에게는 아직 승마하면 귀족스포츠라는 고정 관념, 나와는 거리가 먼 운동으로 선을 그어 버리는 경향이 없지 않습니다. 하지만 제가 목격했던 그들에게 승마는 일상 속에 스며든 스포츠였고 말은 오래전부터 함께했다는 이유로 반려동물로 여겨지고 있었습니다. 도심만 벗어나면 말 타기 좋은 초지가 발달해 있고 방목된 말을 쉽게 볼 수 있습니다.

또한 승마가 어린이 체육의 하나로 자리 잡아 전문 승마클럽과 유소년을 위한 다양한 승마 프로그램들이 있습니다. 주말 축구장 옆 승마 체육시설에서 학생들이 말을 타며 규칙 준수와 동물을 사랑하는 마음을 배우는 모습은 정말 보기 좋았습니다. 벨기에의 한 마을에서는 주말이면 맥주와 감자튀김을 이웃들과 나눠 먹으며 승마운동회를 한다고 합니다. 동네마다 말을 기르는 집이 많아 이런 행사에서 실력을 뽐내고 반려동물인 말과 함께 친목을 도모하는 것 같습니다. 이런 크고 작은 대회를 통해 훈련이 잘된 말이나 학생들은 선수로 자라나는 경우도 있다고 합니다.

벨기에 브뤼셀 한 대형마트의 승마용품 코너. 용품들의 부담 없는 가격에서 승마 대중화의 사회 분위기를 체감할 수 있습니다.

벨기에의 일반 마트에서도 신선한 충격을 받았습니다. 마트에서 승마용품을 판매하고 있어 손쉽게 구입할 수 있고 특히 승마용품 대부분이 우리

돈 5만 원 이하면 살 수가 있었기 때문에 아직은 비싼 것을 선호하는 우리의 현실이 떠올랐습니다. 한 남자가 아이와 함께 승마복과 말 영양제를 고르는 모습도 볼 수 있었습니다. 동네 서점에서도 승마가 자리하고 있었지요. 골프 서적 바로 옆에 승마와 말 조련법 등에 관한 각종 책과 DVD가 책장을 채우고 있었답니다. 마음만 먹으면 승마를 배우고 즐길 수 있는 환경이 조성돼 있다는 게 참 부러웠습니다.

이런 환경에서 성장한 아이들이나 좋은 말들은 전문 선수나 대회용 말이 되는 식으로 선 순환하는 것 같습니다. 선수뿐 아니라 말 트레이너, 선수 트레이너, 마방 디자이너 등 다양한 직업군이 있었습니다. 이런 국민적 관심은 다양한 산업으로 발전합니다. 유명한 승마대회는 인기가 있어 많은 유명 기업들이 스폰서로 참여합니다. 이런 자본은 산업에 피를 공급하지요. 프랑스의 한 지방은 말 관련 쇼로 많은 관광수입을 올리고 있기도 합니다. 말산업이 문화콘텐츠로 발전할 수 있다는 가능성을 보여 줍니다. 명품 브랜드로 불리는 H사는 19세기 고급 말 장식품 가게였는데 안장 등을 만들어 팔면서 가죽손질 방법을 인정받아 지금에 이르렀다고 합니다.

프랑스의 말박물관에는 400년 전에 컬러로 그려진 승마 및 말 관련 책자들이 보존돼 있었습니다. 다양한 승마 기술에 대한 설명이 삽화와 함께 기록된 오래된 서적 앞에 한참을 서 있었던 기억이 떠오릅니다. 그들의 현재 승마 문화는 하루아침에 이뤄진 것이 아니라 오래전부터 이런 지적 재산을 축적해 만들어진 것이라 생각됩니다. 끊임없는 노력과 자연환경, 승마에 대한 문화가 어우러져 말산업 선진국이 된 듯했습니다.

우리도 기마민족이라는 역사적 배경이 있습니다. 비록 짧은 유럽 방문이었지만 말은 정말 좋은 콘텐츠이고 특히 바쁜 한국 유소년들에게 좋은 생활체육이 될 수 있겠다는 생각을 다시금 해 본 기회였습니다. 우리도 소년체전에 승마가 정식 종목으로 채택된 것을 계기로 많은 어린이들이 승마를 경험했으면 좋겠습니다. 그리고 주말에 가족이 근교에서 적은 부담으로 말과 만날 수 있는 말 선진국이 되기를 기대합니다.

프랑스 승마 이야기

이번엔 승마 선진국의 승마학교 이야기를 해 볼까 합니다. 한국마사회는 프랑스의 아하 드 자흐디 승마학교, 독일의 WRFS 승마학교, 미국의 SIRE 재활승마센터, 일본의 크레인 승마장과 MOU를 맺고 다양한 교류를 하고 있습니다. 지금부터 그곳의 이야기를 한번 해 볼까 합니다. 우선 프랑스로 여행을 가 볼까요?

프랑스의 승마산업의 규모가 얼마나 될까요? 조사에 따르면 승마인구는 150만 명이 넘고 이중 523,619명은 프랑스 승마연맹(www.ffe.com) 자격증을 갖고 있다고 합니다. 또한 승마인구 중 78%는 여성, 68%는 청소년으로 18세 이하라고 합니다. 승마대회는 연간 24,000건의 대회가 있고 출전 선수만 68만 명에 이른다고 하네요. 어마어마하죠?

프랑스 파리 근교에 있는 유소년 승마클럽 '아하 드 자흐디 승마장'은 파리 시내에서 가기 쉬워 접근성이 뛰어난 곳입니다. 이곳은 원래 1988년 이전엔 정부가 소유하며 경주마를 키우던 목장이었는데 지금은 시민들을 위한 승마장이나 학생들을 위한 승마학교로 활용하고 있습니다. 특히 어린 학생들을 위한 방과 후 체육 등으로 유명하며 면적만 75헥타아르(ha), 승용마 220여 마리와 25명의 교관이 일하고 있습니다. 일주일에 약 3,000명의 인근지역 주민들은 물론이고 많은 학생들의 힐링 장소가 되고 있습니다. 현지 교관들의 이야기를 빌리자면 "말은 생명체여서 운동뿐 아니라 교감을 하다 보니 학생들의 성격도 차분해지고 스포츠로서 만족감이 커진다."라고 말합니다. 또한 지방자치단체에서 보조금이 나오기 때문에 학생들뿐 아니라 마음만 먹으면 저렴한 가격으로 누구나 쉽게 즐길 수 있습니다.

파리에 오면 많은 관광객들이 유명한 베르사유 궁전을 들릅니다. 이 궁전 건너편에는 왕립마구간이 있습니다. 예전에는 왕이나 귀족들의 말을 관리하기 위한 곳이었는데 현재는 말 공연 학교로 운영하고 있습니다. 교육뿐 아니라 말과 관련된 다양한 콘텐츠를 만들어 시민들은 물론이고 관광객들에게 다양한 공연을 선사하고 있습니다. 제가 방문했을 때도 많은 관람객이 말 공연에 흠뻑 빠져 있었습니다. 다양한 마장마술 기술이나 점핑기술을 음악에 맞춰 연기하는 모습은 보는 이들에게 감동을 주기에 충분했습니다. 관계자에 따르면 공연 수익과 강습 등을 통해 얻는 수익은 연간 42억 원에 육박하고 세계 최고 수준의 공연으로 각국에서 초청공연이 쇄도하고 있다네요.

프랑스엔 말 박물관도 있습니다. 500년 전에 쓰인 칼라판 승마 매뉴얼이 전시되어 있는 걸 보고 충격이었습니다. 제가 불어는 못하지만 섬세한 그림과 설명은 아무리 초보자라도 쉽게 이해할 수 있었습니다. 그리고 요즘 나오는 책들과 비교했을 때 전혀 손색이 없었습니다. 이런 역사와 전통, 그리고 후손들에게 노하우를 빠짐없이 남겨 주는 것이 선진국의 시작인 것 같습니다. 프랑스인들은 말을 사랑하기에 다양한 승마 문화가 자리 잡을 수 있었고 지자체 등 다양한 도움을 통해 학생뿐 아니라 많은 사람들이 승마를 즐길 수 있다는 것에 정말 보기 좋았습니다.

독일 승마학교 이야기

이젠 독일로 여행을 해 볼까요? 독일은 승용마 생산을 말 산업의 중심축으로 삼고 있는데 사육두수만 170만 마리가 넘어 유럽 최대의 말 생산국으로 알려져 있습니다. 독일은 올림픽을 중심으로 스포츠가 발달해 있으며 종목 중 하나인 승마를 배울 수 있는 인프라가 훌륭합니다. 그중 말과 기수, 생산자에 대한 교육시스템이 체계적으로 발달해 북유럽, 남부유럽뿐만 아니라 중국 등 아시아 등에서도 교육을 받으러 올 정도로 세계화에 성공한 학교가 많습니다. 그중 저희가 탐방할 학교는 독일(뮌스터)의 Westfalische Reit-und Fahrschule(WRFS)라는 학교입니다.

1922년에 설립되어 약 95년의 역사를 가진 유서 깊은 승마학교입니다.

이런 학교는 보통 독일승마협회(FN)의 공식 파트너로 운영되면서 어느 정도 레벨의 승마 및 트레이너 자격증 취득을 위한 전문교육과 테스트까지 소화하고 있습니다. 그래서 이 학교는 국제규격 실내마장 2개, 장애물 마장 2개, 크로스 컨트리 코스 등을 갖추고 있으며 우리나라의 일반승마장의 4배에서 5배되는 규모를 가지고 있습니다. WRFS 승마학교의 야곱(Jorg Jacobs) 교장의 말을 빌려 독일의 교육시스템을 알아보겠습니다. 모든 교육의 과정은 예습(preview)-이론(theory)-기승(riding)-피드백 및 정리(reflection)로 이루어집니다. 교수자는 수업 전날 미리 다음 날 공부할 내용을 게시하여 배울 내용을 확인하도록 하고, 학습목표를 정해 줍니다. 즉, 전날에 다음 날 배울 것들을 알려 주고 예습하게 하고 그 수업에서 무엇이 핵심인지를 정확하게 인지시킵니다. 다음 날 수업에는 이론부터 시작하면 전날 예습을 한 학생들은 머리로 우선 개념정리가 확실히 될 것입니다. 이후에 말을 타면서 몸으로 다시 한번 머리로 이해한 것을 적용, 반복, 습득합니다. 요즘 유행하는 자기주도 학습입니다. 그리고 매주마다 배운 내용을 총 정리하여 확실한 개념을 차곡차곡 쌓아 가면서 학생들 머릿속에 정리해 줍니다. 너무 당연하죠? 하지만 이걸 기본적으로 지키느냐 안 지키느냐에 따라 시스템이 갖추어지는 것 같습니다. 교장선생님도 이런 기본을 지키는 것과 실천하는 것은 정말 어렵다고 합니다.

독일 교수법을 몇 가지 더 소개해 볼까요?

첫 번째가 자기 주도형 학습입니다. 간단히 말하면 입장 바꿔 생각하는 것입니다. 롤플레잉(role playing)처럼 학생이 반대로 선생님이 되어 기승자에게 도움이 될 만한 운동을 만들어 보고 직접 지도해 봅니다. 그런 후 생각과 느낌을 물어보고 스스로 보완할 점과 잘하고 있는 점을 찾도록 유도하여 학습자가 진정으로 이해하고 받아들일 수 있도록 합니다. 우리가 익숙한 주입식 교육과는 많이 다릅니다.

두 번째로 종목을 구분하지 않습니다. 마장마술과 장애물 등 전공에 따라 나누지 않고 접목 교육을 합니다. 장애물 훈련을 하더라도 공통적으로 응용할 수 있는 마장마술 교육을 통해 말에 대한 이해도 및 컨트롤 능력을 숙달시킵니다.

세 번째로 말에 대한 이해와 존중이 기본입니다. 말을 운동 도구가 아닌 동반자라는 생각으로 이해와 존중을 강조합니다. 독일이 승마 강국인 이유는 말과 함께하는 윤리적 교육과 스포츠맨십은 스포츠 발전에 중요한 인프라라고 생각합니다.

네 번째로 체계적 이론을 기초로 합니다. 우리가 승마에선 말을 조정할 때 쓰는 방법을 부조라고 단순히 배웁니다. 하지만 독일에선 부조의 단순 암기보단 어떻게 다양하게 사용하는지, 언제 사용하는지 상세하게 교육하고 다양한 책에서 소개하고 있습니다. 독일은 많은 전문가들이 느끼고 배웠던 경험들을 이해하고 정립한 다음 기록하고 전수하는 게 특징입니다.

독일은 어느 서점을 가도 다양한 말 관련 서적을 구할 수 있으며 이런 분야를 전문적으로 육성하기 위해 독일 승마협회에서 매년 다양한 콘텐츠를 직접 생산해 냅니다. 독일 승마협회에서는 관련서적의 대중성이 약하기 때문에 주도적으로 보급하고 있으며 기록을 통해 기술과 인프라를 끊임없이 전파하고 공유하고 진화시킵니다. 최근에는 다양한 승마정보를 스마트폰 어플리케이션을 통해 제공합니다. 물론 유료인 부분과 언어의 벽이 있지만 다양한 아이디어를 엿볼 수 있는 채널인 것 같습니다. 스마트폰에서도 이젠 승마장에 가지 않아도 어플만 클릭하면 승마의 세계로 빠져들 수 있습니다.

마지막으로 야곱교장은 승마에 대한 교육은 "장기적 목표를 세우고 철저한 시스템을 갖추고 진행해야 한다고 합니다.", "다양한 전문가 양성과 양질의 말 생산, 그리고 다양한 교육 시스템의 개발은 기본 중에 기본이라고 전합니다." 독일의 승마에 대한 자부심은 이런 데서 나오는 것 같습니다.

시크릿(secret) 승마노트

미국 재활승마 이야기

미국으로 가 볼까요? 미국은 말 키우기가 좋은 텍사스를 중심으로 다양한 마 문화가 자리 잡고 있습니다. 여러분이 영화에서 보았던 카우보이 문화도 텍사스 지역을 중심으로 발달해 있습니다. 하지만 여기에선 말을 멋지게 타는 카우보이가 아닌 말을 치유에 활용하는 재활승마에 대해서 소개하려고 합니다. 재활승마는 예전에 전쟁터에서 돌아온 군인들의 정신적 신체적 치유를 위해 말을 활용했던 것을 기원으로 합니다. 미국은 PATH라는 단체가 주도하고 있는데요. 승마를 통한 말과의 교감이나 운동역학적 도움으로 ADHD 증후군이나 육체적, 정신적 불편함을 가진 친구들에게 도움을 줄 수 있습니다. 또한 의사들과 협업하여 다양한 치료에 활용하고 있는데 이와 관련된 다양한 프로그램과 체계적인 시스템이 잘 갖추어져 있습니다.

이러한 일을 전문적으로 하는 사람을 재활전문가라고 합니다. 경력과 실력에 따라 등급이 나뉘며 최고등급을 MASTER라고 하는데 미국에도 30명밖에 없다고 합니다. 이분들이 재활 프로그램을 설계하고 정신적 신체적 도움을 주기 위해 브레인 역할을 합니다.

그중 한 분인 SIRE 승마센터의 앤서니(Anthony Busacca) 기술이사의 말을 빌리자면 미국은 다양한 승마문화 중에 말을 다양한 치료에 활용하는

재활승마 분야가 발전하고 있다고 합니다. 한 예로 미국 재활센터에는 직원 3,488명, 재활 승마지도사 4,666명, 재활승마용 말[馬] 7,700마리가 매년 자원봉사자들(55,311명)과 함께 약 61,832여 명의 어린이들과 성인들에게 재활승마 프로그램을 제공하고 있습니다. 말을 활용해 정신적, 신체적 치유에 도움을 주는 미국 재활승마의 특징은 연령층에 맞게 다양한 프로그램을 설계하고 적용하는 것으로 유명합니다. 예를 들어 3~7(Early Childhood) 나이의 특징은 몸을 자유롭게 움직일 수 없으며 그림문자에 익숙하다고 합니다. 따라서 이 연령 때에 적합한 프로그램은 그림이나 도형 같은 것들을 교육에 적극 활용한다고 합니다. 18~35(Early Adulthood)에는 각 부위의 움직임이 목적에 따라 움직이거나 발달시키기 안정적이어서 근육의 효과를 최대로 낼 수 있는 시기라고 합니다. 이 연령 때에는 어떤 기술이나 동작을 습득하기에 적절한 시기여서 다양한 테크닉을 배울 수 있는 프로그램을 적용합니다. 프로그램들이 체계적이고 세분화되어 있으며 생체주기에 따라 맞춤형 교육을 할 수 있는 시스템과 전문가들이 있다는 점에 배울 점이 참 많은 것 같습니다.

일본 승마 이야기

　일본의 승마인구는 약 250만 명으로 추산하고 있으며 주기적으로 승마를 즐기는 승마회원은 약 6~7만여 명으로 보고 있습니다. 인구규모에 비해 그리 대중화되었다고 볼 수는 없지만 우리나라와 마찬가지로 향후 레저승마로의 성장 가능성을 높게 보고 있습니다. 현재 일본 승마장은 약 800여 개 소로서 승용마는 대략 1만 여 두로 추산하고 있습니다.

　일본은 크레인 승마장에서 주도적으로 승마산업을 이끌어 가고 있으며 일본 전체 승마회원의 1/2이 수준인 약 32천여 명, 그리고 협회 가입 승마장의 약 12%인 32개소로서 거의 절대적이라 할 수 있습니다.

　일본 회원 승마의 50%를 차지하는 세계적인 승마전문기업인 크레인도 43년 전에는 승용마 6두, 회원 43명의 작은 규모로 출발하였습니다. 크레인 승마관계자에 따르면 성공비결로 승마가 말과의 교감을 통해 산업화의 폐해로 상실된 인간성을 회복할 수 있다는 신념을 기업 비전으로 세웠다고 합니다. 또한 효율적 경영을 위해 저비용으로 활용할 수 있는 인프라 투자. 말과 교감, 안전 그리고 기승기술의 단계별 향상을 추구하는 인간 본연의 욕구를 이끌어 내는 다양한 프로그램 개발에 전략적으로 집중해 왔습니다. 예를 들어 회원모집을 위해 영업부와 영업사원이 전국적으로 활동하고 있으며 대형 사업소에선 300명 정도가 치열하게 홍보와 영업을 합니다. 또한 자체적으로 승마학교를 운영하면서 필요한 전문 인력(승마지도자, 마필관리사)을 양성하고 경주퇴역마를 승용마로 활용하여 비용적 경쟁 우위를 갖습니다. 크레인 승마장에선 승용마에 대한 기본개념을 상급 승마경기용 말이 아니라면 굳이 비싼 품종(웜블러드 등)은 불필요하다는 생각입니다.

이러한 획기적 관점에 의해 현재 전체 승용마의 80% 이상을 경주 퇴역마로 충당하고 있습니다. 이와 더불어 마필과 교육생의 수준에 맞는 다양한 교육 프로그램 등은 경쟁력의 원천이 되었습니다.

　이처럼 일본의 고객지향적인 경영방식과 승용마 전환기술, 치열한 영업 전략, 자체 전문 인력 양성, 고객 맞춤형 교육 프로그램 등은 지금의 일본 승마를 있게 한 성공요인입니다.

시크릿(secret) 승마노트

호주 마차경기 이야기

호주엔 다양한 마차를 활용하여 경기도 하고 농업 국가이기에 실생활에 사용도 합니다. 올림픽 승마종목엔 마차경기가 있으며 현재 호주 출신인 보이드 엑셀(Boyd Exell)선수가 몇 년간 세계 챔피언으로 있습니다. 마차는 자동차가 상용되기 전부터 필수 교통수단이었고 전쟁 중에는 물자보급 및 대포를 운반했습니다. 평상시엔 농부들과 함께 들판에 나가 밭을 갈고 농작물을 수확하는 동력 수단으로 활용되었습니다.

맥스웰 제임스 피어스(Maxwell James Pearce)는 호주 마차 전문가이고 세계챔피언인 보이드 엑셀의 동료입니다. 이분의 말을 빌려 승마종목 중 하나인 마차경기에 대해서 이야기하고자 합니다.

승마경기 중에서도 마차 경기는 볼거리와 즐길 거리가 넘치는 종목입니다. 특히, 말을 무서워하거나 말 등에 직접 올라타서 승마를 즐기기 힘든 사람들도 아주 쉽게 다가갈 수 있어 어린이, 여성, 노인 등 다양한 계층에게 매력적입니다. 또한 대부분의 승마 종목이 말 등에 혼자 타고 하는 1인 스포츠인데 반해 마차는 여러 명이 함께 즐길 수 있습니다.

여러분이 〈벤허〉라는 영화를 보셨다면 훨씬 이해가 쉬울 겁니다. 마차경주는 전차경주를 기원으로 하고 있는데 B.C. 7세기 올림픽경기에서는 4마리의 말이 밧줄로 맨 마차를 끄는 경주가 행해졌다고 합니다. 이후 19세기 초부터 유럽에서 시작하여 미국 · 캐나다 · 오스트레일리아 · 뉴질랜드 · 일본 등지로 전파되어 많은 인기를 얻고 있습니다.

마차는 크게 말 두수에 따라 싱글마차(1마리), 페어마차(2마리), 팀 마차(4마리 이상), 탠덤마차(직렬 쌍두마차)로 분류할 수 있습니다. 여기서 팀 마차는 4마리 이상의 말을 이용하여 마차를 끌며 쇼 마차나 짐마차, 스포츠마차 등으로 쓰여 유럽에서 높은 인기로 해마다 많은 대회가 열리고 있습니다. 하지만 고삐 이용이나 하네스(말과 마차를 연결하는 장구) 착용, 말 컨트롤이 매우 복잡하고 까다로워서 상당한 기술이 필요한 종목입니다.

스포츠마차의 경기 종류를 알아보면 첫째로 승마종목의 지구력 경기(endurance)와 유사한 마라톤마차가 있습니다. 여러 개의 장애물(obstacle)을 시간 내에 통과하여야 하며 4두 경기일 때에는 마차 크기도 커지기 때문에 무게를 맞춰 주기 위해 보조자 2명이 뒤에 타서 균형을 맞춰 주어야 합니다. 경기를 보다가 큰 마차엔 왜 뒤에 사람들이 타고 있는지 궁금하면 이런 이유가 있기 때문입니다.

두 번째는 마장마술 마차경기인데 승마의 마장마술과 같습니다. 단, 마차를 타고 해야 하며 경기장 규격은 40×100m이며 여러 가지 수행 과목을 이행해야 합니다. 옷도 연미복으로 입고 멋지게 정해진 궤적대로 움직입니다.

세 번째는 콘 드라이빙 마차경기입니다. 비교적 간단한데요. 콘(꼬깔 콘처럼 생긴 장애물)을 양쪽에 세우고 안전하게 그 사이를 멋지게 통과하여 들어오되 빠른 시간 내에 들어오는 경기입니다. 콘 위에 올려져 있는 볼을 떨어뜨리면 5점 감점이며, 흰색의 콘을 오른쪽에 두고 진입하며 방향을 파악합니다. 보통 경기당 15개 정도의 콘을 통과해야 하는 게 기본인데 박진감이 넘치는 경기입니다.

이외 장애인들을 상대로 힐링 및 재활을 목적으로 운행하는 재활마차가 있습니다. 유럽이나 미국에서는 많이 활용되는데 주로 실내에서 거동이 불편한 중증 장애인도 체험할 수 있어 인기가 아주 높습니다.

마차의 특징은 1인 승마가 아닌 팀으로 탈 수 있다는 것입니다. 또한 자립으로 승마가 어려운 사람이나 어린 아이도 쉽게 동승할 수 있는 특징이 있습니다. 마차 종목에 대해서 조금 이해가 되었나요? 승마의 범위는 정말 넓고 다양합니다.

말은 내 친구

승마고수 되려면 말과 깊은 교감 나눠야

말에 대한 이해… 승마의 모든 것

안전하고 재밌는 승마 즐기려면

기본지식 바탕 공감대 형성해야

승마는 말이 통하지 않는 말과 함께하는 운동입니다. 말과 승마에 대한 기본 지식을 갖추고 말에 대한 이해를 높일 때 말은 함께 노니는 진정한 친구가 될 수 있습니다.

승마에 대해 글을 쓴 지 꽤 되었습니다. 아직은 대중화되지 않은 승마에 대해 어떻게 하면 보다 쉽게 알릴 수 있을 것인지 고민한 시간이었습니다. 스스로 경험을 통해 느낀 점과 전문가들의 힘을 빌려 노력했지만 아쉬움이 남습니다. 그래도 조금이나마 도움이 됐다는 많은 분들의 인사는 큰 힘이 됐습니다.

승마는 말과 함께하는 운동입니다. 똑같은 언어를 쓰는 사람들도 환경과 개인의 경험이 다르다면 서로 부딪치는 경우가 많은데 말과의 소통은 정말 말할 것도 없겠지요. 그래서 승마가 매우 어려운 스포츠라고들 합니다. 소통·커뮤니케이션 같은 수단을 승마에 대입하면 교감이나 공감대라는 단어로 표현됩니다. 사람뿐 아니라 말과 함께 노닐기 위해서 가장 중요한 것은 교감입니다. 교감을 위해서는 말과 승마에 대한 기본 지식이 필요합니다. 운전을 배울 때나 통기타를 배울 때에도 기본 지식이 필요한 것과 마찬가지죠. 승마에서는 말을 이해하면 그 녀석을 타고 있는 '나'를 이해하게 됩니다. 이렇게 서로의 깊은 이해는 더더욱 깊이 승마의 세계로 가는 토대가 됩니다. 승마는 말에 대한 이해로 시작해 말에 대한 이해로 귀결된다고 할 수 있습니다.

여기서 잠깐 지금까지 배웠던 것들을 잠깐 정리해 볼까요.

다시 반복하지만 승마의 첫걸음은 말에 대한 이해입니다. 말과 함께 걸어 보고 안장을 얹거나 말을 씻기기도 하면서 말의 성격을 알고 상호 신뢰를 쌓은 뒤 말에 올라타야 합니다. 올라탈 때에는 말이 민감하기 때문에 조심해야 합니다. 왼발을 등자에 걸고 갈기를 잡은 채 매끄러우면서도 신속하게 올라타도록 합니다. 처음 말 위에 앉으면 생각보다 높아 어색하고 불안할 수도 있습니다. 그래도 천천히 걸어 봅니다. 다리와 고삐 등 다양한 신호를 주면서 가장 느린 걸음인 평보를 연습합니다. 점차 실력과 용기가 생기면 속도가 빠른 속보, 따그닥 달리는 구보도 할 수 있게 됩니다.

이처럼 승마의 기본은 다양한 보법을 익히는 것입니다. 더 깊이 들어가면 보법은 세부적으로 나뉩니다. 이런 기술들을 자유자재로 구사하기 위해서는 기승자의 실력과 함께 말과의 교감이 중요합니다. 다리, 그리고 고삐를 쥐고 있는 손, 체중 이동 등 다양한 신호들을 활용해 동시다발적으로 말과 커뮤니케이션을 합니다. 커뮤니케이션을 온몸으로 잘 표현할수록 고수에 가깝습니다. 여기에 더불어 기승자의 마음가짐이나 자세, 말과 더욱 가까워질 수 있는 방법 등을 그동안 소개했습니다.

프랑스나 독일 등 승마 선진국의 교수법을 살펴보면 1,000가지 이상의 기술이 있다고 합니다. 여러분이 말과 재미있게 놀다 보면 기술은 물론이고 승마의 묘미는 무궁무진할 것입니다. 물론 승마의 기본 지식은 쉽지만은 않습니다. 이 책을 통해 기본 지식을 익히고 말과의 교감을 통해 기승자의 의도대로 표현하다 보면 어렴풋이나마 감이 올 것으로 믿습니다. 결국, 평생 안전하고 재미있게 승마를 즐기는 데에 토대가 될 것입니다.

마지막으로 이 책이 말에 관심 있는 분들께 조금이라도 도움이 되기를 희망합니다.

시크릿(secret) 승마노트

부록

승마용어 알아보기

- **고삐**

말을 조절하고 방향을 잡기 위해 재갈에 부착된 끈이다.

- **구보**

3절도 운동으로 우구보, 즉 오른쪽으로 돌때는 오른쪽 앞다리가 보이고 좌구보일 때는 왼쪽 앞다리가 보인다. 이유는 보이는 다리가 가장 마지막에 내딛는 다리이기 때문이다. 보통 구보는 '따그닥' 리듬으로 이해하면 쉬운데, 전력질주(습보)는 아니고 그냥 편하게 달리는 것이다. '터벅터벅'(평보)이나 '통통통'(속보)의 속도가 아니라 따그닥 박자로 간다. 정말 빨리 달리는 것을 습보라고 하는데 승마에서는 잘 쓰지 않는다. 구보하는 방법은 안쪽 다리로 자극을 주고 바깥쪽 다리는 뒤로 살짝 빼 후구(말 엉덩이 부분)를 막아주고 고삐는 가려는 방향으로 제시해 주는 것이다. 이렇게 하면 제대로 교육받은 말은 쉽게 구보를 한다.

- **굴레**

말 머리에 씌워 말을 컨트롤 할 수 있게 하는 장비로, 고삐와 재갈 등 다양한 부분으로 나뉜다. 굴레와 안장은 마구 중 제일 중요한 도구로 가죽으로 되어 있기 때문에, 가죽 로션 등으로 항상 손질을 해 줘야 한다.

- 굴요

말의 머리가 활처럼 굽는 것을 말한다. 말이 긴장이 풀리거나 기승자에게 복종한다는 의미로 이 동작을 취하는데, 선천적으로 불가능한 말도 있다.

- 글갱이

목욕 후 물을 제거하거나 진흙 같은 것을 털 때 사용하는 도구로 금속과 플라스틱으로 된 것을 많이 사용한다. 목욕한 후 물기를 없애고 빨리 말리기 위해서는 '글갱이 질'을 한 번 하고 수건으로 닦아 주는 것이 좋다.

- 경속보

경속보는 말에게 부담을 덜 주기 때문에 몸을 풀어 줄 때 많이 사용된다. 경속보에는 좌경속보와 우경속보가 있는데, 왼쪽으로 돌면서 하는 경속보가 좌경속보이고, 오른쪽으로 돌아가기 위한 경속보가 우경속보이다. 보통 좌경속보에서는 엉덩이를 들었을 때 오른쪽 앞발이 보이고, 우경속보에서는 왼쪽 앞발이 보이는데 이는 다리를 딛는 순서 때문이다. 이처럼 앞발을 보이는 것을 기준으로 삼으면 경속보 시 발걸음을 틀리는 실수를 줄일 수 있다.

- 낙마

말에서 떨어지는 것을 말한다. 보통 낙마하면 '낙마 턱'이라고 주변사람들에게 식사를 대접하는 풍습이 있다. 안 다쳐서 다행이라는 의미인데, 낙마를 하지 않는 것이 돈을 아끼는 방법이니 각별히 조심하도록 하자.

- 다리 쓰기

보통 종아리로 배를 눌러 줘 자극을 주고, 말이 이에 반응을 하지 않으면 박차를 쓰는 식으로 기승자의 손이 아닌 다리로 말을 운전하는 것이다.

- 답보 변환

쉽게 말하면 군대에서 훈련 시 외치는 "발 바꿔 가!"라는 구령과 같다. 군대에서 단체로 발을 맞춰 가다 바꿀 때 공중에서 한 박자 뛰고 다시 가는 것을 말이 한다고 생각하면 된다. 구보에서 행해지는 동작으로 특히 8자로 돌 때 교차점에 이르러 우구보에서 좌구보, 혹은 좌구보에서 우구보로 발을 바꿔야 하는데, 이때 멈췄다 속보나 평보로 3~4발자국 가다가 발을 바꿔 출발하면 심플 체인지(Simple change)이고, 이행운동 없이 공중에서 바꿀 경우 답보변환 혹은 플라잉 체인지(Flying change)라고 한다. 매 걸음마다 다리의 방향을 바꿔 주는 1보 답보, 두 걸음마다 바꿔 주는 2보 답보, 세 걸음마다 바꿔 주는 3보 답보 등이 있다.

- 드로 레인(Draw-rein)

말을 굴요시키거나, 말의 머리를 인위적으로 잡기 위한 도구이다. 하지만 초보자에게는 권하지 않는다. 말에게 적은 힘으로도 큰 자극을 줄 수 있어 잘못 사용하면 말에게 큰 고통을 줄 수 있기 때문이다. 잘만 사용한다면 기승자가 적은 힘으로 편하게 말을 조정 할 수 있는 장점이 있다. 드로우 레인은 가죽으로 된 긴 띠로 복대 고리와 재갈 링에 걸어 고삐와 함께 잡는다.

- 등자

기승 시 기승자가 디딜 수 있도록 만들어 놓은 'D'자형의 발 디딤쇠이다.

책에선 등자를 발바닥의 가장 넓은 부분으로 세게 밟지 말고, 그냥 그 위에 발을 살짝 올려놓으라고 하는데 초보자들에게는 쉽지 않은 일이다. 등자 끈은 등자 쇠에 연결된 가죽 끈으로 다리의 길이와 훈련 목적에 따라 길이를 조절해 탈 수 있다.

- 롱챕

겨울에 입는 허리까지 오는 긴 가죽 바지로 말을 탈 때 편하다. 단 가죽으로 되어 있어 부드럽게 길들여지지 않았다면 불편할 수도 있다.

- 마르팅게일(Martingale)

말이 머리를 갑자기 드는 상황을 막기 위한 보조도구이다. 말을 타다 보면 갑자기 말 머리가 기승자 쪽으로 올라오는 경우가 있는데, 그럴 경우 균형을 잃을 수 있고 말이 앞발을 들게 되면 머리까지 들리면서 기승자의 얼굴에 부딪힐 수도 있다.

- 마복

승마복을 보통 마복이라고 한다.

- 마의

말이 입는 옷으로 겨울용과 여름용이 있다. 겨울에는 춥기 때문에 반드시 마의를 착용시켜야 하고 젖은 마의로 감기에 걸리지 않도록 주의해야 한다. 여름용 마의는 날벌레를 막아 주고 시원하게 하는 기능이 있다.

- 마장

승마장을 줄인 말이다.

- 마장마술경기

예술성이 우선시되며, 60m×20m 직사각형 경기장에서 말의 보법 변화 및 다양한 테크닉을 보여 주는 경기다. 말의 움직임을 각 코스별로 정확하게 연출해야 한다. 마장마술 출신 교관과 장애물 선수 출신 교관은 종목이 확연히 다른 만큼 말을 타는 스타일도 확실히 다르다.

- 목끈

굴레에서 목 부위에 이어 주는 끈으로, 장애물을 연습할 때 드로우 레인을 착용했다면 방해가 되지 않도록 묶어 줄 때 활용할 수도 있다.

- 물때

말의 다리 부분에 땀이나 이물질이 끼어 털과 엉겨 붙는 것을 말한다. 물때로 인해 피부가 벗겨질 수도 있기 때문에 항상 제거해 줘야 한다. 사람도 물로만 샤워를 하면 때가 쌓이는 것처럼, 말도 샴푸나 솔질을 하지 않고 물로만 목욕을 하면 물때가 낀다.

- 박차

부츠 뒤에 부착해 말에게 자극을 주는 쇠로 만든 도구이다. 길이와 모양에 따라 자극의 강도가 다르다.

- 반 정지(Half-Halt)

마필의 운동 도중 부조를 사용해 말의 걸음걸이나 속도를 임의로 줄이기 위한 행동이다. 말은 항상 기승자의 명령을 기다리는 상태다.

- 반챕

반 부츠 위에 간단히 착용할 수 있는 종아리를 감싸는 가죽이다.

- 발굽파개

말의 발굽을 팔 때 쓰이는 도구다. 말을 탈 때마다 항상 사용하는데, 발굽에는 흙이나 볏짚 같은 이물질이 끼기 쉬워 자주 파 줘야 하기 때문이다.

- 발 받침대

큰 말에 올라타기 위해서는 밟고 올라갈 도구가 필요한데, 그것이 발 받침대이다. 기승자의 다리가 길거나 말이 작으면 필요 없지만, 보통은 발 받침대나 다른 사람의 도움을 받아야 한다.

- 보법

말의 걸음걸이를 말하며 크게 평보, 속보, 구보, 습보로 나뉜다.

- 복대

안장을 고정하는 큰 가죽 끈으로 기승자의 안전을 위해 최대한 조여야 한다. 말의 배가 터질 염려는 하지 않아도 되며, 단단히 고정할수록 안전하게 승마를 즐길 수 있다.

- 부조

말에게 명령을 내리게 하는 수단으로 책에는 주부조(주먹, 허리, 기좌, 체중이동)와 보조부조(채찍, 박차, 음성) 등으로 나뉘어 있지만 자신이 편한 것을 사용하면 좋을 듯하다. 나는 보통 음성부조나 박차, 체중, 고삐를 사용하고 가끔씩 채찍도 사용한다.

- 벤딩

말의 몸이 휘는 것이다. 말은 신체 구조상 원운동이 편한데, 왼쪽으로 휘거나 오른쪽으로 휘는 것을 벤딩이라고 한다. 등이 하늘을 향하고 말 머리가 활처럼 휘는 것 또한 마장에서는 벤딩이라고 한다. 하지만 머리가 활처럼 휘는 것에는 벤딩보다는 굴요라는 말을 많이 쓴다.

- 배앓이(산통)

말이 무리한 운동으로 장이 꼬이거나 먹이를 잘못 먹어 배가 아픈 것을 말한다.

- 사료

사료는 보통 운동이나 발육을 위한 알곡류의 농후사료, 풀과 같은 조사료, 비타민과 같은 특수사료로 나뉜다. 당근과 각설탕은 간식 개념이고, 실제로는 이 간식을 싫어하는 말들도 있다.

- 수축

평소보다 보폭이 단축되고 목이 높고 걸음이 높아 당당하고 활력이 있는 걸음을 말한다. "수축 시키세요."라는 교관의 말에 따라 말을 수축된 스프링처럼 만들기 위해 고삐를 당겨 보고 다리로 추진을 줘 보지만 말처럼 쉽지 않은 기술이다.

- 신장

보폭을 될 수 있는 대로 넓게 해 뒷다리가 앞다리 발자국을 넘는 것이 일반적이다.

- 신장속보

속보의 속도로 신장(몸을 쭉쭉 펴서)해서 가는 것이다. 말이 다리가 쭉쭉 뻗어 구보보다 빠른 발걸음으로 가기도 한다. 마장마술경기에서 많이 볼 수 있으나, 이 기술을 소화할 수 있는 기승자와 말은 많지 않다.

- 실내마장

실내에서 말을 탈 수 있도록 만든 마장이다. 반대로 실외에 있는 마장은 외부마장 또는 야외마장이라고 한다.

- 속보

2절도 운동으로 왼쪽 뒷다리와 오른쪽 앞다리, 오른쪽 뒷다리와 왼쪽 앞다리 순으로 동시에 진행된다. 쉽게 말하면 평보보다 살짝 빠른 걸음으로, 평보가 '터벅터벅'이라면 속보는 '통통통' 리듬으로 발랄하다. 속보는 리듬마다 엉덩이를 살짝 살짝씩 들어 주는 경속보와 지그시 앉아서 온몸으로 반동을 받으며 가는 좌속보로 나뉜다.

- 수장

말을 목욕시키거나 안장을 채우고 발굽을 파는 것을 총칭한다.

- 수장굴레

말을 수장할 때 사용하는 간단한 굴레로 재갈과 고삐 없이 로프와 연결되어 있다. 마필을 이동시키거나 말을 묶어 둘 때 사용된다.

- 수장대

말을 목욕시키거나 손질하는 공간이다.

시크릿(secret) 승마노트

- 아대

말의 발목을 보호하기 위한 도구로 장애물을 연습하거나, 네 발끼리 부 딪히는 일이 우려될 때 착용해 발을 보호해야 한다.

- 악벽

나쁜 습관들을 말한다. 나는 악벽을 가진 말들을 두루 경험해 보았다. 좌 구보를 하려 하면 자꾸 바깥으로 빠지는 말, 통로만 보면 자기 마방으로 뛰 쳐나가는 말, 옆에 검은 봉지 등의 못 보던 물체가 있으면 마구 놀라는 말, 다가오는 말이 있으면 멀리 도망가려고 하는 습관을 가진 말 등 정말 다양 하다.

- 안장

기승자가 말 위에서 안정적으로 앉아 있을 수 있도록 도와주는 도구다. 크게 장애물 안장과 마장마술 안장 두 가지로 나눈다. 두 안장의 성격이 다 르고, 안장에 따라 기승자의 자세가 달라진다.

1) 안장코: 등성마루(기갑: 안장코 앞 툭 튀어 나온 말 등 부분) 부위에 씌 워지는 안장의 우뚝 솟은 부분이다.

2) 안장꼬리: 안장의 뒷부분으로 기수가 앉는 자리 뒤쪽에 완만하게 올라 가 있다.

3) 안장날개: 기승자의 양 허벅지가 닿는 부위이다.

- 안상

잘못된 안장 착용으로 인해 등성마루(기갑: 안장코 앞, 툭 튀어 나온 말 등 부분) 부분에 상처가 생기는 것을 말한다. 이를 막기 위해 젤패드, 양털

169

패드 등의 다양한 패드로 안장과의 이격을 줄여 준다.

- 이행운동

보법을 변화시키는 것이다. 평보에서 속보, 구보에서 평보 혹은 속보로 발걸음을 바꾸는 것이다.

- 양털 깔개

안장과 깔개 사이의 공간을 채우고 말의 등을 보호하기 위한 깔개다. 땀을 흡수하는 목적과 충격 흡수용으로 사용되며 대개 안장 모양으로 만들어진다.

- 외승

일반 마장이 아닌 논길이나 산길 등에서 말을 타는 것을 말한다.

- 자유 평보

최대한 말의 자유에 맡긴 채 평보로 걷는 것을 말한다. 여기서 핵심은 고삐를 길게 해 줘 말이 편하게 고개를 늘어뜨리고 걸을 수 있도록 하는 것이다. 보통 마무리 운동으로 하는데, 말에게 편안함을 주고 다음 날 컨디션 회복에도 도움이 된다. 참고로 자유 평보로 숨을 고르는 정리운동을 '쿨다운(Cool down)'이라고 한다.

- 장애물경기

다양한 조건 하에 놓여 있는 여러 장애물을 넘는 경기다. 내가 지금까지 경험해 본 장애물용 말은 다리가 길고 성격이 괴팍한 말들이 많았다. 성격이 좀 있어야 겁내지 않고 뛰어넘고, 말 입장에서는 다리가 길수록 장애물이 덜 높아 보이기 때문인 것 같다.

- 장애물 종류

1) 수직/버티칼(Vertical): 한 개의 장애물

2) 더블: 연속된 두 개의 장애물

※ 옥사: 두 개짜리 연속 장애물 중 앞뒤 높이가 같은 장애물로 '패러랠'이라고도 한다.

3) 트리플: 연속된 세 개의 장애물

※ 참고로 연습할 때 장애물을 X자로 놓고 운동하는 경우가 있는데, 이것의 공식 명칭은 없고 '크로스'라고 부른다.

- 장제

말의 신발인 발굽을 바꿔 주는 것이다. 말에게 장제는 정말 중요한데, 실수로 발에 있는 신경을 잘못 건드릴 경우 영원히 발을 망가뜨릴 수도 있다. 말은 보통 한 달에 한 번씩 신발을 갈아 신는다.

- 재갈

굴레에서 쇠로 된 부분으로 말 입에 물려지는 부분이다. 다양한 종류에 따라 말에게 자극을 줄 수 있는 범위가 다르다.

- 재킹

땀을 흡수하고 말의 등을 보호하기 위한 목적으로 사용되며, 대개 안장보다 크기가 커 가죽 안장이 말에 직접 닿지 않게 하는 역할을 한다. 재킹이 없으면 안장이 미끄러져 말의 등에 마찰을 일으키면서 부상을 유발할 수 있다.

- 조마삭

말의 몸을 풀어 주기 한 목적으로 약 7~8m의 조마삭 끈을 말의 두부에 연결해 이 끈을 반경으로 말을 돌리는 것을 말한다. 오랫동안 쉰 말들은 바로 운동하기에 위험하기 때문에 타기 전 조마삭을 돌려 주는데, 말이 날뛸 수도 있으니 주의해야 한다.

- 종합마술경기

마장마술과 크로스컨트리, 장애물경기를 3일간 치르는 경기로, 상식으로 알고 있으면 될 듯하다.

- 좌속보

마장에서 "보통속보로 가세요."라고 하면 좌속보를 말하는 것이다. 경속보처럼 엉덩이를 들지 않고 앉아 있는 상태에서 '통통통' 리듬을 타면서 간다. 초보자들은 이 리듬에 익숙하지 않아 말 위에서 이리저리 튄다. 특히 다리가 고정되어 있지 않기 때문에 통통거리면서 엉덩방아를 찧기 쉽다. 몸을 부드럽게 해 많이 타다 보면 어느 순간 리듬이 몸에 익으면서 자연스럽게 갈 수 있다.

- 젤(리)패드

등성마루(기갑: 안장코 앞 툭 튀어 나온 말 등 부분) 부분의 안상(피부 벗겨짐)을 방지하는 젤리로 된 패드다.

- 튄다

말이 날뛰거나, 놀라면서 예상치 못한 행동을 할 경우가 있는데 이를 시쳇말로 '튄다.'라고 표현한다.

- 텐션

고삐의 강도를 조절할 때 가장 많이 들었던 말이 "텐션 유지하세요."라는 말이다. 말과의 교감을 위해서는 말과 연결돼 있는 고삐의 강도가 중요한데, 너무 당겨서도 안 되고 너무 느슨하게 풀어도 안 되며 그 중간 지점을 찾아야 한다. 내 기준에서는 고삐가 탱탱한 정도가 좋은 것 같다.

- 카발레티(Cavaletti)

횡목을 이용해 말의 걸음걸이를 훈련시키는 방법

- 채찍

긴 채찍과 짧은 채찍으로 나눌 수 있는데 엉덩이를 자극하려면 긴 채찍이 편하다. 단 채찍을 사용할 때는 신중을 기해서 사용해야 한다.

- 파리망

여름에 말 머리에 파리가 달라붙는 것을 방지하기 위해 쓰는 망으로 강한 햇빛을 막아 주는 선글라스 역할을 하기도 한다.

- 펜스

일명 울타리인데, 마장마술하는 장소를 둘러싼 흰 울타리 또한 펜스라고 부른다.

- 평보

일반적으로 네 발로 편하게 걷는 4절도 운동으로 왼쪽 뒷다리, 오른쪽 앞다리, 오른쪽 뒷다리와 왼쪽 앞다리 순으로 이루어진다. 터벅터벅 천천히 걷는 것인데 기승자의 능력에 따라 걸음걸이를 활발하게 할 수도 있고 그렇지 않게 할 수도 있다.

- 후구
말의 엉덩이 뒷부분을 말한다.

- 하마
말에서 내려오는 것을 말한다. 특히 운동을 마치고 말에서 내릴 때는 무의식적으로 박차나 고삐를 써 말을 자극하지 않도록 주의해야 한다.

- 횡목
장애물을 연습할 때 사용하는 긴 원통형 목재를 말한다.

REFERENCE

- Charisse rudolph(2015) The art of facilitation: with 28 equine assisted activities

- Dewkett, M. N., Brady, H. A., Hernandez, H. M.(2018) The Comprehensive Guide to Equine-Assisted Activities and Therapies

- German Equestrian Federation(2017) The Principles of riding: Basic Training for horse and rider

- Guillaume Henry(2012) Reussir ses galops Manuel de cours

- Jaime jackson(2013) Paddock Paradise: A guide to natural horse boarding

- Jakie bell(2006) 30minutes a day to a better horse

- Kleiber. D. A, Walker. G. J. & Mannel. R. C.(2011) A Social Psychology of Leisure(2rd ed.)

- Maureen Howard(1996) Your bag of tricks: Games for therapeutic and recreational riding

- Michael Putz(2007) Riding with Understanding and Feeling: Know How, Understand Why, Feel When

- NARHA(2002) PATH Intl. Instructor Educational guide

- Sandra Laboucarie(2017) The Ultimate book of horses

- Wendy Murdoch(2010) 5-MINUTE FIXES to improve your riding

- 한국마사회 : 해외 말산업 보고서

감사의 말

승마의 영감을 준 국내외 말 전문가들에게 이 책을 바칩니다

이 책이 세상에 나올 수 있도록 생각의 근간을 마련해 준《서울경제신문》박민영 기자님, 국장님을 비롯한 관계자들께 진심으로 감사드립니다. 또한 내용에 객관성을 가질 수 있도록 많은 조언을 해 주신 한국마사회 김정근 팀장님, 하나라도 더 가르쳐 주려고 애쓰신 한국마사회 승마팀 감독 전재식 코치님, 먼 독일에서 조언을 해 준 WRFS 승마학교 원장 야곱(Jorg Jacobs), 호주에서 마차 관련 지식을 알려 준 맥스웰(Maxwell James Pearce), 미국에서 재활승마에 대한 조언을 해 준 SIRE 재활승마센터 기술이사 앤서니(Anthony Busacca) 등 많은 국내외 전문가들에게 감사드립니다.

특히, 멀리서 지켜봐 주고 레저산업에 대한 다양한 접근법과 아이디어를 선사해 주시는 고려대 강현민 교수님께 감사의 말을 전합니다. 이 책에 생명을 불어넣어 주신 좋은땅 출판사 직원들과 저의 아이디어를 예쁜 그림으로 그려 준 김예림 일러스트레이터에게도 감사드립니다. 마지막으로 제가 하는 일을 항상 믿어 주고, 냉정한 평가를 해 준 가장 사랑하는 아내와 두 아들에게 감사의 말을 전합니다.